The Japan Accounting and Financial Analysis Examination

ビジネス会計検定試験®

公式テキスト
第5版
対応

2級

西川哲也 著

重要ポイント&模擬問題集

日本能率協会マネジメントセンター

本書の内容に関するお問い合わせについて

平素は日本能率協会マネジメントセンターの書籍をご利用いただき、ありがとうございます。
弊社では、皆様からのお問い合わせへ適切に対応させていただくため、以下①～④のようにご案内いたしております。

①お問い合わせ前のご案内について

現在刊行している書籍において、すでに判明している追加・訂正情報を、弊社の下記 Web サイトでご案内しておりますのでご確認ください。

https://www.jmam.co.jp/pub/additional/

②ご質問いただく方法について

①をご覧いただきましても解決しなかった場合には、お手数ですが弊社 Web サイトの「お問い合わせフォーム」をご利用ください。ご利用の際はメールアドレスが必要となります。

https://www.jmam.co.jp/inquiry/form.php

なお、インターネットをご利用ではない場合は、郵便にて下記の宛先までお問い合わせください。電話、FAX でのご質問はお受けいたしておりません。
〈住所〉〒103-6009　東京都中央区日本橋 2-7-1　東京日本橋タワー 9F
〈宛先〉㈱日本能率協会マネジメントセンター　出版事業本部　出版部

③回答について

回答は、ご質問いただいた方法によってご返事申し上げます。ご質問の内容によっては弊社での検証や、さらに外部へ問い合わせることがございますので、その場合にはお時間をいただきます。

④ご質問の内容について

おそれいりますが、本書の内容に無関係あるいは内容を超えた事柄、お尋ねの際に記述箇所を特定されないもの、読者固有の環境に起因する問題などのご質問にはお答えできません。資格・検定そのものや試験制度等に関する情報は、各運営団体へお問い合わせください。
また、著者・出版社のいずれも、本書のご利用に対して何らかの保証をするものではなく、本書をお使いの結果について責任を負いかねます。予めご了承ください。

はじめに

　ビジネス会計検定試験®は、財務諸表を作成する能力とは別に、財務諸表を情報として理解する能力を問うものです。財務諸表を理解する能力に焦点を当てる検定試験が実施されていることは、会計に関する正しい知識が広く理解されるうえで、筆者は意義深いと考えます。

　ビジネス会計検定試験®2級は、貸借対照表・損益計算書のほか、キャッシュ・フロー計算書や連結財務諸表などが出題範囲です。範囲が広いだけでなく、連結財務諸表の構造などについての理解も必要です。

　検定試験に合格するためには、個々の知識をしっかりと理解しておくことにあわせて、限られた時間内で確実に解答する能力が必要となるでしょう。

　本書は、ビジネス会計検定試験®2級の合格に必要な知識を整理したものです。また、インプット（知識の理解）とアウトプット（理解の応用・定着）の両面から、効果的に学習できるよう構成しています。

　各章では、必要な知識を簡潔に解説し、財務・経理の実務に従事していない方にも容易に理解できるようにしました。

　章末には、過去に実際に出題された事項をもとにした確認問題を設けています。問題をとおして、その章の重要な事項に理解を集中させ、定着させることができます。

　さらに、最終章には、予想模擬問題を2回分収録しています。出題の傾向や形式、時間配分など、実戦の感覚を身に付けることができます。

　本書を手に取った皆様が、本書を活用することで、検定試験に合格されることを心よりお祈りします。そして、学習により得られた知識を実務で役立ていただけるなら、筆者として望外の喜びです。

公認会計士・税理士　西川　哲也

ビジネス会計検定試験®は、大阪商工会議所の登録商標です。以下、本書では®マークを省略します。

公式テキスト第5版対応　ビジネス会計検定試験®2級　重要ポイント&模擬問題集　目次

●はじめに ……………………………………………………………… 3
①ビジネス会計検定試験の概要 ……………………………………… 10
②ビジネス会計検定試験2級のポイント …………………………… 11

第1章　会計情報の意義と会計制度の理解

1　会計情報のもつ2つの機能………………………………………… 16
　　1．利害調整機能について理解しよう
　　2．投資判断情報提供機能について理解しよう
2　開示の制度①………………………………………………………… 18
　　1．開示制度の全体像を理解しよう
　　2．金融商品取引法による開示制度を理解しよう
3　開示の制度②………………………………………………………… 20
　　1．会社法による開示制度を理解しよう
　　2．金融商品取引所による開示制度を理解しよう
● 理解度チェックと解答・解説 …………………………………… 23

第2章　連結財務諸表の理解

1　企業集団の範囲①…………………………………………………… 28
　　1．連結財務諸表の種類を理解しよう
　　2．企業集団の構成を理解しよう
　　3．支配の概念（実質支配力基準）を理解しよう
2　企業集団の範囲②…………………………………………………… 30
　　1．重要な影響の概念（実質影響力基準）を理解しよう
　　2．議決権の所有について理解しよう
3　連結財務諸表の作成①……………………………………………… 32
　　1．各社の決算が連結財務諸表にどう反映されるか理解しよう
　　2．連結財務諸表の作成の流れを理解しよう
4　連結財務諸表の作成②……………………………………………… 34
　　1．持分法について理解しよう
　　2．持分法の具体的な適用について理解しよう
5　のれん………………………………………………………………… 36
　　1．のれんについて理解しよう
　　2．正ののれんと負ののれんの表示について理解しよう
　　3．のれん償却額について理解しよう
6　非支配株主持分と非支配株主に帰属する当期純損益…………… 38

4

1．非支配株主持分について理解しよう
　　2．非支配株主に帰属する当期純利益(当期純損失)について理解しよう
● 理解度チェックと解答・解説 ………………………………………… 40

第3章　貸借対照表の理解

1　資産の評価基準の種類………………………………………………… 46
　　1．資産の評価の基準について理解しよう
　　2．取得原価、時価、現在価値について理解しよう
2　有価証券の貸借対照表価額…………………………………………… 48
　　1．有価証券の保有目的による分類を理解しよう
　　2．有価証券の貸借対照表価額を理解しよう
　　3．有価証券の評価差額の処理について理解しよう
　　4．償却原価法について理解しよう
3　棚卸資産の貸借対照表価額…………………………………………… 51
　　1．棚卸資産の原価配分について理解しよう
　　2．当期払出し分と期末在高に配分する方法を理解しよう
　　3．棚卸減耗損と棚卸評価損を理解しよう
4　繰延税金資産…………………………………………………………… 53
　　1．税効果会計の考え方を理解しよう
　　2．繰延税金資産・繰延税金負債について理解しよう
5　固定資産の貸借対照表価額…………………………………………… 55
　　1．有形固定資産・無形固定資産の評価を理解しよう
　　2．固定資産の減損処理について理解しよう
6　負債の分類と引当金…………………………………………………… 57
　　1．法律上の債務と負債の関係を理解しよう
　　2．引当金について理解しよう
7　その他の資産・負債の貸借対照表価額……………………………… 59
　　1．繰延資産の貸借対照表価額について理解しよう
　　2．その他の資産・負債の貸借対照表価額について理解しよう
8　純資産の分類①　株主資本 …………………………………………… 62
　　1．純資産の構成を理解しよう
　　2．株主資本の内容を理解しよう
9　純資産の分類②　株主資本以外の純資産 …………………………… 64
　　1．その他の包括利益累計額の内容を理解しよう
　　2．新株予約権について理解しよう
　　3．非支配株主持分について理解しよう

5

公式テキスト第5版対応　ビジネス会計検定試験®2級　重要ポイント＆模擬問題集　目次

● 理解度チェックと解答・解説 ……………………………………… 66

第4章　損益計算書の理解

1　連結損益計算書の構成……………………………………… 72
　1．連結損益計算書の構成を理解しよう
　2．個別損益計算書との違いを理解しよう

2　売上収益の認識基準………………………………………… 74
　1．実現基準（販売基準）について理解しよう
　2．工事進行基準について理解しよう

3　売上原価と販売費及び一般管理費………………………… 76
　1．売上原価の計算方法について理解しよう
　2．当期製品製造原価の計算方法について理解しよう
　3．製造原価と販売費及び一般管理費の区分を理解しよう
　4．製造原価明細書について理解しよう

4　営業外損益と特別損益……………………………………… 78
　1．営業外損益の主な内容を理解しよう
　2．特別損益の主な内容を理解しよう

● 理解度チェックと解答・解説 ……………………………………… 80

第5章　連結包括利益計算書の理解

1　包括利益の構成……………………………………………… 84
　1．包括利益の考え方を理解しよう
　2．その他の包括利益の項目について理解しよう
　3．包括利益と親会社株主持分・非支配株主持分の関係を理解しよう
　4．その他の包括利益の組換調整について理解しよう

2　連結包括利益計算書の様式………………………………… 87
　1．1計算書方式について理解しよう
　2．2計算書方式について理解しよう

● 理解度チェックと解答・解説 ……………………………………… 89

第6章　株主資本等変動計算書の理解

1　株主資本等変動計算書のしくみ…………………………… 92
　1．株主資本等変動計算書の構成を理解しよう

2　株主資本の変動……………………………………………… 94
　1．株主資本が変動する要因を理解しよう

6

3　株主資本等変動計算書の活用……………………………… 96
　　1．個別株主資本等変動計算書の活用について理解しよう
　　2．連結株主資本等変動計算書の活用について理解しよう
●理解度チェックと解答・解説　………………………………… 98

第7章　キャッシュ・フロー計算書の理解

1　キャッシュ・フローとは……………………………………102
　　1．キャッシュ・フロー計算書の役割を理解しよう
　　2．現金及び現金同等物の範囲を理解しよう
2　キャッシュ・フロー計算書の構成……………………………104
　　1．キャッシュ・フロー計算書の構成を理解しよう
3　キャッシュ・フロー計算書の表示のルール…………………106
　　1．営業活動によるキャッシュ・フローの表示方法
　　2．投資活動・財務活動によるキャッシュ・フローの表示方法
4　営業活動によるキャッシュ・フロー…………………………108
　　1．間接法による表示の計算構造を理解しよう
　　2．投資・財務以外の活動による収支の取扱いを理解しよう
5　間接法表示による調整内容①…………………………………110
　　1．非資金損益の調整について理解しよう
　　2．営業活動に関連しない損益の調整を理解しよう
6　間接法表示による調整内容②…………………………………112
　　1．営業活動にかかる資産・負債の増減額の調整を理解しよう
7　投資活動によるキャッシュ・フロー、財務活動によるキャッシュ・フロー…114
　　1．投資活動によるキャッシュ・フローの内容を理解しよう
　　2．財務活動によるキャッシュ・フローの内容を理解しよう
　　3．利息・配当に関する収入・支出の表示方法を理解しよう
8　キャッシュ・フロー計算書の見方……………………………116
　　1．3つの区分のキャッシュ・フローが示す意味を知ろう
　　2．3つのキャッシュ・フローの循環に着目しよう
●理解度チェックと解答・解説　…………………………………118

第8章　附属明細表と注記の理解

1　附属明細表と注記の内容………………………………………124
　　1．附属明細表の意義を理解しよう
　　2．注記の意義を理解しよう

7

公式テキスト第5版対応　ビジネス会計検定試験®2級　重要ポイント&模擬問題集　目次

2　注記の方法と種類 ……………………………………………… 125
　　1．注記の方法について理解しよう
　　2．注記の種類について理解しよう
●理解度チェックと解答・解説 ……………………………… 128

第9章　財務諸表分析の理解

1　基本分析 ……………………………………………………… 132
　　1．百分比財務諸表分析を理解しよう
　　2．時系列分析の考え方を理解しよう
2　安全性分析①　短期の安全性分析 ………………………… 134
　　1．安全性分析の考え方を理解しよう
　　2．短期の安全性分析の指標を理解しよう
3　安全性分析②　長期の安全性分析 ………………………… 136
　　1．長期の安全性分析の指標を理解しよう
4　収益性分析①　資本利益率 ………………………………… 138
　　1．収益性分析の考え方を理解しよう
　　2．資本利益率の具体的指標について理解しよう
5　収益性分析②　売上高利益率と資本回転率 ……………… 140
　　1．資本利益率の構成要素を理解しよう
　　2．売上高利益率の具体的指標を理解しよう
　　3．資本回転率の具体的指標を理解しよう
　　4．資本回転期間の具体的指標を理解しよう
　　5．キャッシュ・コンバージョン・サイクルを理解しよう
　　6．自己資本当期純利益率を要素に分解して理解しよう
6　キャッシュ・フローの分析 ………………………………… 144
　　1．フリー・キャッシュ・フローを理解しよう
　　2．営業キャッシュ・フロー・マージンを理解しよう
　　3．自己資本営業キャッシュ・フロー比率を理解しよう
　　4．営業キャッシュ・フロー対流動負債比率を理解しよう
　　5．設備投資額対キャッシュ・フロー比率を理解しよう
7　セグメント情報の分析 ……………………………………… 146
　　1．セグメント情報の意義を理解しよう
　　2．セグメント情報の分析を理解しよう

8

8　連単倍率と規模倍率 ·· 148
　　1．連単倍率の考え方を理解しよう
　　2．連単倍率の具体的指標を理解しよう
　　3．規模倍率の考え方を理解しよう
9　損益分岐点分析①　損益分岐図表 ································· 150
　　1．損益分岐点分析の考え方を理解しよう
　　2．損益分岐図表（利益図表）の考え方を理解しよう
10　損益分岐点分析②　損益分岐点売上高の計算 ·············· 152
　　1．限界利益の考え方を理解しよう
　　2．損益分岐点売上高を計算しよう
11　損益分岐点分析③　損益分岐点に関する指標 ·············· 154
　　1．損益分岐点分析に関する指標を理解しよう
　　2．固定費と変動費の区分について理解しよう
12　1株当たり分析 ··· 156
　　1．1株当たり分析の具体的指標を理解しよう
13　一人当たり分析 ·· 160
　　1．一人当たり分析に関する主な指標を理解しよう
● 理解度チェックと解答・解説 ·· 161

第10章　ビジネス会計検定試験2級模擬問題と解答・解説

1．模擬問題① ·· 170
2．模擬問題② ·· 188
3．解答・解説① ··· 203
4．解答・解説② ··· 214

● 巻末資料（連結財務諸表の例／主な分析指標と計算例）······ 228
● 索引 ·· 242

9

①ビジネス会計検定試験の概要

●ビジネス会計検定試験とは

　ビジネス会計検定試験は、「財務諸表が表す数値をどのように情報として理解し、ビジネスに役立てていくか」に重点を置いて開発されたものです（大阪商工会議所「ビジネス会計検定試験」ホームページより）。大阪商工会議所の主催、各地商工会議所の協力により、年2回実施されます。2020年度は、全国17都市での実施が予定されています。

■到達目標

級	到達目標
3級	会計の用語、財務諸表の構造・読み方など財務諸表を理解するための基礎的な力を身につける。
2級	企業の経営戦略や事業戦略を理解するため、財務諸表を分析する力を身につける。
1級	企業の成長性や課題、経営方針・戦略などを理解・判断するため、財務諸表を含む会計情報を総合的かつ詳細に分析し、企業評価できる力を身につける。

■級別の実施方法

級	問題形式	合格基準
3級	マークシート方式（2時間）	100点満点で、70点以上の得点
2級		
1級	マークシート方式および論述式（2時間30分）	200点満点で、論述式50点以上かつ全体で140点以上の得点

■試験結果：第21回～第26回

実施回 実施年月	レベル	申込者（人）	合格者数（人）	合格率（%）
第21回 2017年9月3日	3級	4,439	2,505	70.0
	2級	2,188	449	30.1
第22回 2018年3月11日	3級	4,308	2,012	58.5
	2級	2,502	704	40.7
	1級	299	50	22.3
第23回 2018年9月2日	3級	4,749	2,378	61.8
	2級	2,369	607	36.3

実施回 実施年月	レベル	申込者（人）	合格者数（人）	合格率（%）
第24回 2019年3月10日	3級	4,895	2,408	62.4
	2級	2,736	892	48.0
	1級	302	62	29.4
第25回 2019年9月1日	3級	5,556	2,666	59.2
	2級	2,682	898	48.5
第26回 2020年3月8日	3級	6,075	1,804	62.5
	2級	2,836	852	54.3
	1級	306	37	19.7

（出典）ビジネス会計検定試験® ホームページ（http:s//www.b-accounting.jp/）より。

②ビジネス会計検定試験２級のポイント

●出題範囲

２級の到達目標は、前項の図表「到達目標」で示したとおりです。

『ビジネス会計検定試験®２級公式テキスト』（大阪商工会議所編）の内容と、それを理解したうえでの応用力が問われます。公式テキストでは、出題範囲として、以下のように掲げられています。

(1) 財務諸表の構造や読み方、財務諸表をとりまく諸法令に関する知識

①会計の意義と制度

②連結財務諸表の構造と読み方

(2) 財務諸表の応用的な分析

①基本分析　　　　　　　②安全性の分析

③収益性の分析　　　　　④キャッシュ・フローの分析

⑤セグメント情報の分析　⑥連単倍率

⑦損益分岐点分析　　　　⑧１株当たり分析

⑨一人当たり分析

●出題形式

２級は、マークシート方式の試験です。過去の実施分では、以下のような形式で出題されています。

＊問いに対する答えを、４～５肢のなかから１肢選択

＊短い文章の空欄に当てはまる語句（または語句の組み合わせ）を、４～５肢から１肢選択

＊２つの短い文章が与えられ、それぞれの記載内容についての正誤の組み合わせを、４肢（正と正、正と誤、誤と正、誤と誤）から１肢選択

＊条件が与えられ、記載内容を満たすものについての正しい組み合わせを、４～５肢から１肢選択

> (例) 次の項目のうち、金融商品取引法が要求している開示書類の適切な組み合わせを選びなさい。

＊４～５の短い文章が与えられ、そのうち記載内容が正しいものを１
肢選択

＊比率や数値を計算し、４～５肢のなかから１肢選択

（例）次の資料から株主資本の合計額を計算し、正しい数値を選びな
さい。

このほか、総合問題形式により、与えられた条件から財務諸表の空欄
を補充させたり、比率を計算させる問題も出題されます。総合問題につ
いても、解答は４～５肢からの選択式となっています。

●出題の特徴

連結貸借対照表、連結損益計算書、連結包括利益計算書、連結株主資
本等変動計算書、連結キャッシュ・フロー計算書、連結附属明細表のほ
か、セグメント情報など「その他のデータ」を使って出題されることが
大きな特徴です。３級に比べ非常に広くなっています。

また、出題形式の特徴としては、数値を計算して解答させるものが、
問題のうち半数近くを占めていることがあげられます。さらに、総合問
題の形式により出題されることも特徴です。

総合問題では、それぞれの財務諸表の間での数字のつながりや、財務
諸表の構造への理解を問う出題となっています。時間の割に問題数が多
いので、各設問に素早く解答することが合格への鍵となります。

●学習のポイント

必要項目について、インプットとアウトプットの両面を意識した学習
が必要です。

①**インプットのポイント**……各項目の重要事項がどこなのか、しっか
り意識して理解することです。

②**アウトプットのポイント**……理解した知識を、小問により集中的に
確認します。実際の出題形式を意識しながら、多くの問題に繰り返
しあたることです。

●本書のしくみと利用方法

　各項目について、原則、2ページで解説しています。また、学習のため、以下のような工夫をしています。

　①**学習のポイント**……各項目の最初に欄を設けて、重要事項を整理しています。「学習のポイント」を意識しながら確認することで、検定試験に必要な知識を整理できるように構成しています。

　②**理解度チェック**……各章末に、章全体の内容を確認するための問題を豊富に用意しています。「理解度チェック」は、実際に出題された過去問題を参考にした○×形式の演習問題で、簡潔に理解度を確認できるようにしたものです。解説により、理解した知識の定着を図ります。

　③**模擬問題**……最終章に、実際の検定を想定した模擬問題を2回分用意しています。学習した個々の事項を総合的に試すため、ぜひ活用してください。

　制限時間内に確実に解答する力をつけるためには、「理解度チェック」と「模擬問題」を何度も繰り返すことです。アウトプットのトレーニングにあてながら、解説により、理解を定着させることが有効です。

第1章

会計情報の意義と
会計制度の理解

第 1 章　会計情報の意義と会計制度の理解

1 会計情報のもつ2つの機能

> **Point**
> - 利害調整機能と投資判断情報提供機能という2つの機能がある。
> - 株主・経営者・債権者の間には、それぞれにとっての利害がある。
> - 会計情報により、利害が調整される。
> - 投資者は、会計から情報を得ることができる。

1．利害調整機能について理解しよう

　企業には、さまざまなステークホルダーが存在し、それぞれの利害は、時として対立する可能性があります。会計情報によって、こうした**利害の対立が調整される**ことを、利害調整機能（または**成果配分支援機能**）といいます。

　図表1-1は、株主・経営者・債権者の間の利害が会計情報によってどのように調整されるかを示したものです。

図表1-1　利害の対立と会計情報による調整

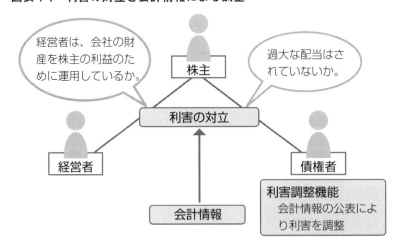

> **ステークホルダー**：
> 企業に利害関係のある人々。利害関係者ともいう。株主、経営者、債権者のほか、従業員、取引先、地域住民、投資者なども含まれる。

2．投資判断情報提供機能について理解しよう

投資判断情報提供機能は、意思決定支援機能といわれることもあります。会計情報によって、投資の意思決定に必要な情報を投資者に提供しているという機能です。

図表1-2　投資判断と会計情報

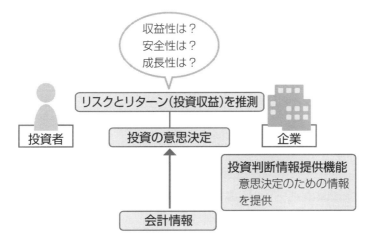

◎株主・債権者の利害対立と会社法・・・株主有限責任の考え方

株式会社は、株主・債権者それぞれから資金を調達して事業を行っています。

会社法では、株主有限責任の考え方がとられていて、会社が倒産しても、株主は自らが出資した金額までしか責任を負いません。株主への配当が無制限に行われると、会社財産が社外に流出するので、債権者は利息や元本の回収ができなくなってしまう可能性があります。

そこで、会社法では、株主と債権者の利害を調整するために、分配可能額（配当などの限度額）について一定の規制を設けています。

第1章　会計情報の意義と会計制度の理解

2 開示の制度①

Point

- 金融商品取引法、会社法、および金融商品取引所のルールによって、開示書類と開示方法が定められている。
- 金融商品取引法では、発行市場と流通市場の2つの局面について開示する書類・方法・時期を定めている。
- 個別財務諸表のほかに連結財務諸表が開示される。
- 四半期ごとに四半期連結財務諸表が開示される。

1．開示制度の全体像を理解しよう

　企業情報の開示については、主に**金融商品取引法**と**会社法**という2つの法律により定められています。また、金融商品取引所に上場している会社については、金融商品取引所のルールによって、開示が行われています。財務諸表は、これらの法律・ルールに定められた開示書類のなかに含めて開示されます。

2．金融商品取引法による開示制度を理解しよう

① 金融商品取引法による開示書類

　金融商品取引法では、**発行市場**（株式・債券などを新規に発行する市場）と**流通市場**（既発行の株式・債券などを売買する市場）という2つの局面について、一定の開示を求めています。

図表1-3　金融商品取引法による主な開示書類

区分	主な開示書類	開示方法	開示時期	提出期限
発行市場	目論見書	投資者に直接交付	発行時	－
	有価証券届出書			
流通市場	有価証券報告書	国(内閣総理大臣)へ提出することにより、一般に公開	年1回	3か月以内
	四半期報告書		四半期ごと	45日以内
	臨時報告書		随時	－

18

> **四半期：**
> 1年を3か月ごとに区切った期間。四半期報告書は、年3回、第1四半期、第2四半期、第3四半期について開示される。なお、第4四半期については、有価証券報告書により年度の財務諸表が開示されるので、四半期報告書では財務諸表は開示されない。

② 金融商品取引法により開示される財務諸表

図表1-3に示した開示書類のうち、臨時報告書を除く4つの開示書類には財務諸表が含まれます。

金融商品取引法によって開示が必要な財務諸表の種類について、開示対象となる会社の範囲と期間からまとめると、**図表1-4**のとおりです。

図表1-4　金融商品取引法による財務諸表の分類

		開示対象期間	
		年度（1年間）	四半期（3か月）
対象となる会社の範囲	親会社のみ	(個別) 財務諸表 (※1) ・貸借対照表 ・損益計算書 ・株主資本等変動計算書 ・附属明細表	なし (※2)
	グループ全体	連結財務諸表 (※1) ・連結貸借対照表 ・連結損益計算書 ・連結包括利益計算書 ・連結株主資本等変動計算書 ・連結キャッシュ・フロー計算書 ・連結附属明細表	四半期連結財務諸表 (※2) ・四半期連結貸借対照表 ・四半期連結損益計算書 ・四半期連結包括利益計算書 ・四半期連結キャッシュ・フロー計算書

（※1）個別財務諸表と連結財務諸表との対比
　　　　個別では、キャッシュ・フロー計算書は不要。ただし、グループ会社がないなどのため、連結財務諸表を作成しない会社は、（個別）キャッシュ・フロー計算書の作成が必要。

（※2）年度と四半期との対比
　　　　四半期は、連結グループベースのみ開示。また、株主資本変動計算書、附属明細表は不要。

第1章　会計情報の意義と会計制度の理解

3 開示の制度②

Point

- 会社法でいう計算書類は、金融商品取引法でいう財務諸表と同一の会計基準から作成されている。実質的な内容は同じである。
- 金融商品取引法と会社法とでは、開示が求められる財務諸表（計算書類）の種類が異なる。会社法では、キャッシュ・フロー計算書は開示されない。
- 会社法では、四半期の開示は必要ない。
- 金融商品取引所のルールによる開示の主なものとして、決算短信がある。

1．会社法による開示制度を理解しよう

①**財務諸表と計算書類**

　会社法に基づいて作成される（個別）財務諸表、連結財務諸表は、**計算書類、連結計算書類**と呼ばれます。

　会社法でいう計算書類と金融商品取引法でいう財務諸表とは、同一の会計基準に基づいて作成されています。法律の違いにより、表示項目や様式に違いはありますが、実質的な内容は同じです。

②**会社法により開示が求められる計算書類**

　会社法と金融商品取引法では、開示が求められる計算書類（財務諸表）の種類が異なります（次ページ**図表1-5**）。

③**会社法による開示書類**

　会社法では、株主総会で計算書類の報告・承認を行うことになっています。また、株主総会の開催にあたっては、株主に対して招集の通知を行うことになっています。

　計算書類は、株主総会の招集通知の添付書類として株主に個別に送付されます。また、貸借対照表の要旨（要約貸借対照表）につい

20

ては、**公告**をすることになっています。

> 公告：
> 法令により定められた公衆への告知の方法。官報や日刊新聞紙に掲載する
> 方法のほか、インターネットへの掲載による電子公告の方法がある。

図表1-5　会社法による主な計算書類

	親会社のみを対象	グループ全体を対象
対象となる会社の範囲	計算書類 ・貸借対照表 ・損益計算書 ・株主資本等変動計算書 ・個別注記表	連結計算書類 ・連結貸借対照表 ・連結損益計算書 ・連結株主資本等変動計算書 ・連結注記表
開示対象期間	年度（1年間）	

（※）金融商品取引法により開示が求められる財務諸表との対比

　　　・計算書類と呼ばれる。
　　　・キャッシュ・フロー計算書は含まれない。
　　　・四半期での開示は必要ない。

2．金融商品取引所による開示制度を理解しよう

①決算短信とは

　金融商品取引所でも、金融商品取引法や会社法などの法律とは別に、管理・運営のためのルールを設けて、上場会社に対して情報の開示を求めています。そのなかで中心になるのが、決算短信です。

　決算短信は、上場会社の業績をタイムリーに開示するための速報です。一定の開示項目や様式を定めており、四半期ごとに開示することを求めています。

②決算短信に含まれる財務諸表

　決算短信にも財務諸表が添付されます。速報としての位置づけであるため、様式などに相違はありますが、基本的に金融商品取引法により開示が求められるものと同一の種類の財務諸表が開示されます。

第 1 章　会計情報の意義と会計制度の理解

　四半期ごとに、企業グループ全体の連結ベースでの財務諸表が開示されます。

◎「財務諸表」の示す範囲 ‥‥ 広義の財務諸表と狭義の財務諸表

　財務諸表という用語は、場合によって指し示す範囲が異なります。

〈最広義〉　図のⅠ〜Ⅳすべての部分

　一番広い意味では、金融商品取引法・会社法いずれによるものか、個別・連結いずれかにかかわらず、すべてを指します。

〈広義〉　図のⅠとⅡの部分

　会社法の様式で作成された計算書類に対比するものとして、金融商品取引法の様式のものを指します。

〈狭義〉　図のⅠの部分のみ

　一番狭い意味では、金融商品取引法ベースの個別財務諸表を指します。

	個別	連結
金融商品取引法に基づくもの	Ⅰ	Ⅱ
会社法に基づくもの	Ⅲ	Ⅳ

　本書では、財務諸表という用語については、特に説明のないかぎり、一番広い意味（Ⅰ〜Ⅳすべて）で用いています。

理解度チェックと解答・解説
理解度チェック

次の記述のうち、適切と思われるものは○に、不適切と思われる
ものは×に、それぞれ丸を付けなさい。

1. 金融商品取引法に基づく開示書類には、有価証券の発行に際する
   ものとして、有価証券の募集または売出しを行う場合に内閣総理
   大臣に提出する有価証券届出書や投資者に直接交付する目論見書
   がある。　　　　　　　　　　　　　　　　　　　　（O　×）

2. 会社法では、有価証券の流通市場における開示書類として、有価証
   券の発行会社などが定期的に提出する有価証券報告書および四半
   期報告書、臨時報告書などがある。　　　　　　　　　（O　×）

3. キャッシュ・フロー計算書は、1年間の企業のキャッシュ・フロー
   の状況を表示することによって企業活動全体を対象とする重要な
   情報を提供しており、財務諸表の1つとして位置づけられている。
   　　　　　　　　　　　　　　　　　　　　　　　　（O　×）

4. 四半期財務諸表は、3か月の四半期会計期間を対象として、年4回
   作成される。　　　　　　　　　　　　　　　　　　（O　×）

5. 四半期ごとに開示が求められるのは、個別財務諸表だけである。
   　　　　　　　　　　　　　　　　　　　　　　　　（O　×）

6. 金融商品取引法に基づく四半期連結財務諸表には、四半期連結キ
   ャッシュ・フロー計算書は含まれない。　　　　　　（O　×）

7. 決算短信は、情報の適時開示を目的として、金融商品取引法に定め
   られている情報開示の方法である。　　　　　　　　（O　×）

8. 決算短信には、配当の状況は掲載されない。　　　　（O　×）

9. 財務諸表は、作成対象となる会計単位の観点から、連結財務諸表と
   個別財務諸表に分類される。　　　　　　　　　　　（O　×）

10. 四半期財務諸表には、附属明細表は含まれない。　　（O　×）

解答・解説

番号	解答	解　説
1	O	開示書類の種類とともに、どのような方法で開示されるか（国・金融商品取引所への提出、投資者への直接交付、株主への送付）についても、理解しておきましょう。
2	×	有価証券報告書、四半期報告書、臨時報告書は、<u>金融商品取引法</u>の規定により開示が求められるものです。金融商品取引法に関しては、流通市場・発行市場に分けて開示書類を定めていることも押さえておきましょう。
3	O	キャッシュ・フロー計算書は、貸借対照表、損益計算書や株主資本等変動計算書とともに、財務諸表の１つと位置づけられています。なお、会社法では、キャッシュ・フロー計算書の開示が求められていないことを確認しておきましょう。
4	×	四半期財務諸表は第１四半期、第２四半期、第３四半期の<u>年3回</u>作成されます。年度末には四半期財務諸表は作成されず、年度の財務諸表のみが作成されます。
5	×	金融商品取引法に基づく四半期報告書では、<u>四半期連結財務諸表のみ開示</u>され、個別財務諸表は開示されません。
6	×	四半期連結キャッシュ・フロー計算書は、四半期報告書で開示される<u>四半期連結財務諸表の１つに含まれ</u>ます。一方、連結株主資本等変動計算書は、四半期報告書では開示されません。注意しましょう。
7	×	決算短信は、<u>金融商品取引所の自主規制のルールとして開示</u>が求められているものです。
8	×	決算短信では、売上高、当期純利益、純資産といった財務諸表の主要項目のほかに、<u>配当の状況や、業績予想なども記載</u>されます。
9	O	財務諸表の作成の対象となる範囲のことを会計単位といいます。個別財務諸表は、１つの会社のみを会計単位とする財務諸表です。これに対して、連結財務諸表は、親会社を中心とする企業集団を会計単位とします。

番号	解答	解　説
10	**○**	四半期附属明細表というものはありません。少し細かいところを問う問題ですが、押さえておきましょう。なお、年度の財務諸表については、（個別）附属明細表と連結附属明細表が作成されますが、作成される種類は異なります。

第2章

連結財務諸表の理解

第2章 連結財務諸表の理解

1 企業集団の範囲①

Point

- 企業集団は親会社、子会社、関連会社から構成される。
- 子会社に該当するかは、親会社からの「支配」による。
- 「支配」の考え方は、意思決定機関への実質的な支配の有無により判断される。株主総会の議決権の過半数を所有する場合のほか、一定の事実関係を考慮することもある。

1．連結財務諸表の種類を理解しよう

連結財務諸表は、複数の企業からなる**企業集団を1つの組織とみなして作成する**財務諸表です。ビジネス会計検定試験2級の出題範囲となる主な連結財務諸表の内容は、**図表2-1**のとおりです。

図表 2-1　連結財務諸表の種類と内容

財務諸表の種類	示す内容	開示対象期間（時点）
連結貸借対照表	財政状態	一定時点（期末日）
連結損益計算書	経営成績	一定期間（年度または四半期）
連結包括利益計算書	純資産の変動	
連結株主資本等変動計算書	株主資本等の変動	
連結キャッシュ・フロー計算書	キャッシュ・フローの状況	
連結付属明細表	重要項目の補足のための明細	

2．企業集団の構成を理解しよう

連結財務諸表の対象となる企業集団は、**図表2-2**のとおり、**親会社**、**子会社**、**関連会社**から構成されます。

28

図表 2-2　親会社、子会社、関連会社の区分

区分	内容
親会社	出資・人事・資金・技術などの関係（以下、「出資など」という）を通じて、他の会社を支配している会社
子会社	出資などにより、親会社に**支配されている**会社
関連会社	出資などにより、財務や営業の方針について、親会社から**重要な影響を受ける**会社

（※）子会社に該当する場合は、関連会社にはならない。

3．支配の概念（実質支配力基準）を理解しよう

　子会社についての支配とは、その会社の意思決定機関を実質的に支配していることを指します。

　支配に該当するかどうかは、**図表2-3**のとおり、株主総会での議決権の割合により判定する考え方（**ケース①**）のほか、一定の事実関係を加味して判定する考え方（**ケース②**）がとられています。

図表 2-3　支配の考え方

	議決権の割合	一定の事実関係の有無
ケース①	その会社の議決権の過半数（50％超）を所有する。（※1）	問わない。
ケース②	議決権の所有割合が50％以下であっても、一定割合の議決権を所有する。（※1）	左記に加えて、その会社の意思決定機関を「支配している一定の事実」（※2）が認められる。

（※1）所有の名義を問わず、実質的に判定する。
（※2）支配している一定の事実の例
　・株主総会の議決権の………　議決権を行使しない株主が存在する。協力的な株主（役
　　過半数を実質的に確保　　　員、関連会社）が存在する。　など
　・取締役会の構成員の………　親会社の役員（元役員）、従業員（元従業員）がその会
　　過半数を確保　　　　　　　社の取締役会の過半を占めている。　など
　・その他…………………………　資金調達総額の過半について、その会社から融資を受け
　　　　　　　　　　　　　　　ている。重要な財務および営業の方針決定を支配する契
　　　　　　　　　　　　　　　約などが存在する。　など

議決権：
株主総会での議決権。通常は1株につき1個の議決権があるが、自己株式等には議決権がないため、議決権割合と株式割合は必ずしも一致しない。

29

第 2 章　連結財務諸表の理解

2　企業集団の範囲②

Point

- 関連会社に該当するかは、親会社の「重要な影響」による。
- 子会社の判定、関連会社の判定のさいの議決権の所有については、直接所有のほか、子会社を通じた間接保有の場合も親会社による所有があると判断される。

1．重要な影響の概念（実質影響力基準）を理解しよう

　関連会社についての重要な影響も、支配の判定と同様、実質的に判断します。

　図表 2-4 のとおり、株主総会での議決権の割合により判定する考え方（**ケース①**）のほか、一定の事実関係を加味して判定する考え方（**ケース②**）がとられています。

図表 2-4　重要な影響の考え方

	議決権の割合	一定の事実関係の有無
ケース①	その会社の議決権の 20％以上を所有する。（※ 1）	問わない。
ケース②	議決権の所有割合が 20％未満であっても、一定割合の議決権を所有する。（※ 1）	左記に加えて、その会社の財務および営業の方針決定に対して「重要な影響を与えることができる一定の事実」（※ 2）が認められる。

（※ 1）所有の名義を問わず、実質的に判定する。
（※ 2）財務および営業の方針決定に重要な影響を与える契約が存在するなど。

2．議決権の所有について理解しよう

　実質支配力・実質影響力の判定では、親会社が議決権を直接所有する場合のほか、**子会社を通じて間接的に所有する**場合も、親会社による所有があると考えます。

30

図表 2-5 議決権の所有の考え方

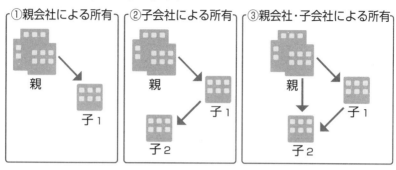

子会社・関連会社の範囲を例で示すと、**図表 2-6** のとおりです。

図表 2-6 子会社・関連会社の範囲

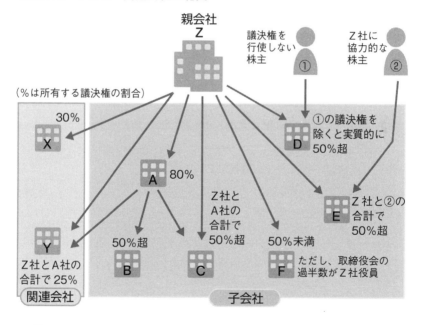

> ### 🖉 検定対策
>
> ▶ 実質支配力基準や実質影響力基準については、実際には詳細な規定が設けられていますが、検定試験2級の対策としては、前項図表2-3、本項図表2-4くらいを理解しておけばよいでしょう。

3 連結財務諸表の作成①

> **Point**
> - 子会社・関連会社の決算を連結財務諸表に反映させる方法には、連結と持分法がある。
> - 原則として、子会社は連結の対象とされる。連結の対象とならない子会社と関連会社には、持分法が適用される。
> - 親会社と連結子会社をあわせて連結会社という。
> - 連結の手続きでは、連結会社の財務諸表を単純合算した後、連結会社間の重複を解消するため、一定の連結調整が行われる。

1. 各社の決算が連結財務諸表にどう反映されるか理解しよう

　連結財務諸表は、親会社のほか、子会社や関連会社も含めた企業集団の状況を表します。

　子会社や関連会社の決算を連結財務諸表に反映させる方法には、①**連結**と②**持分法**の2つがあります。連結と持分法のいずれを適用するかについては、**図表2-7**のように判定します。

図表2-7　連結・持分法の適用判定フロー

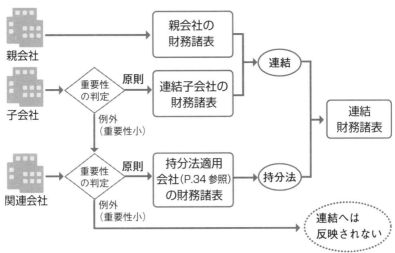

2．連結財務諸表の作成の流れを理解しよう

親会社と連結が適用される子会社（**連結子会社**）をあわせて**連結会社**といいます。連結財務諸表は、連結会社それぞれの個別財務諸表の単純合算を基礎として作成されます。

連結財務諸表を作成する主な流れは、**図表 2-8** に示すとおりです。

図表 2-8　連結財務諸表作成の流れ

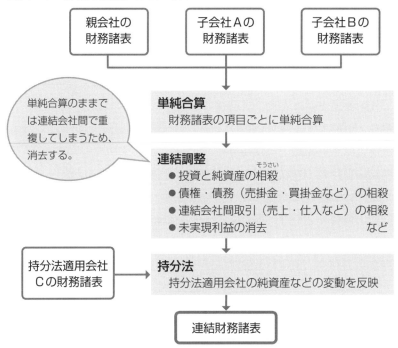

　未実現利益：
　たとえば、連結会社間で商品の売買があったとしても、その商品がグループ外に売却されないかぎり、連結ベースでは利益が実現したことにならない。このような利益を未実現利益といい、連結調整の過程で消去される。

第2章　連結財務諸表の理解

4 連結財務諸表の作成②

Point

- 持分法では、持分法適用会社の損益・純資産の変動に応じ、連結貸借対照表での投資の金額が修正される。
- 投資の金額の修正に応じて、連結損益計算書には持分法による投資利益（損失）が計上される。
- 持分法は、個別財務諸表には適用されない。

１．持分法について理解しよう

①持分法の適用範囲

　関連会社、連結の範囲に含まれない子会社（**非連結子会社**）には、持分法が適用されます。持分法を適用する会社のことを**持分法適用会社**といいます。持分法は、連結に比べて持分法適用会社の業績を簡便に連結財務諸表に反映させる手続きです。

　連結会社のように、個別財務諸表の合算は行いません。その代わりに、持分法適用会社の純資産や損益の変動に応じて、連結会社の持分に見合う分だけ、連結貸借対照表での投資（株式）の金額が修正されます。

　なお、持分法は連結財務諸表が作成される場合にだけ適用されます。子会社が存在せず、連結財務諸表が作成されない場合には、持分法は適用されません。

②完全連結と一行連結

　持分法では、個別財務諸表の各項目の単純合算・連結調整に代えて、投資の金額の調整のみを行います。この対比を表し、通常の連結を完全連結・全部連結と呼び、持分法を一行連結と呼ぶこともあります。

2．持分法の具体的な適用について理解しよう

適用の手順について、例をあげて説明します（**図表 2-9**）。

図表 2-9　持分法の適用

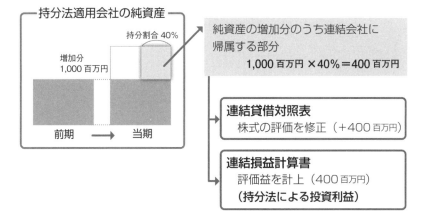

連結会社による持分割合が 40% の持分法適用の関連会社 A 社があったとします。そして、A 社が、1,000 百万円の当期純利益を計上した場合を考えます。説明の便宜から、A 社では、ほかに純資産を増減させる要因がなかったとしましょう。

A 社に持分法を適用する場合には、**連結貸借対照表**に計上されている A 社株式について評価を修正し、400 百万円（= 1,000 百万円 × 40%）の評価益を計上することになります。

この評価益のことを、**持分法による投資利益**といい（評価損が出た場合は、**持分法による投資損失**）、**連結損益計算書**の営業外収益（または営業外費用）の区分に計上されます。

> ✏️ **検定対策**
> ▶ 検定試験 2 級では、持分法適用会社の損益、純資産の変動額と持分比率から、連結財務諸表への影響額を計算させる出題も考えられます。

5 のれん

> **Point**
> - 連結により投資と純資産の相殺を行った場合の差額をのれんという。
> - のれんには、(正の)のれんと負ののれんがある。(正の)のれんは無形固定資産に計上され、その後一定の期間で償却される。
> - 負ののれんは、発生時に負ののれん発生益として特別利益に計上される。

　連結財務諸表は、連結調整の手続きや持分法を適用して作成されます。このため、連結財務諸表に特有の項目がいくつか存在します。本項および次項で、主なものについて説明します。

1. のれんについて理解しよう

　のれんは、連結調整として、**投資（子会社株式）と純資産の相殺を行う場合に生じる差額**です。

図表 2-10　投資と純資産の相殺消去

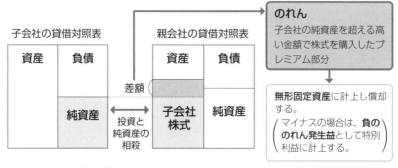

　ある会社（B社）の株式の100％を新たに取得して子会社化する場合を考えてみましょう。B社の株式をいくらで買うかは、売り手（B社の株主）との交渉によって決定します。したがって、連結調整のさい相殺の対象となる「投資の金額（B社株式の取得価額）」と「B社の純資産の金額」は、必ずしも一致しません。

連結貸借対照表では、この差額がのれんとして表示されます。

2. 正ののれんと負ののれんの表示について理解しよう

相殺による差額は、プラス（株式の取得価額＞子会社の純資産）となるケースもあれば、マイナス（株式の取得価額＜子会社の純資産）となるケースもあります。

差額がプラスの場合には、（正の）のれんとして**無形固定資産**に表示されます。逆に、差額がマイナスの場合には、負ののれん発生益として損益計算書の**特別利益**に表示されます。

3. のれん償却額について理解しよう

（正の）のれんは、一定の期間にわたって費用として償却されます。償却により、各期の費用となる金額は、連結損益計算書の**販売費及び一般管理費**に「のれん償却額」として表示されます。

のれん償却額と負ののれん発生益は、それぞれ**図表 2-11** のとおりに計上されます。

図表 2-11　のれん償却額の計上

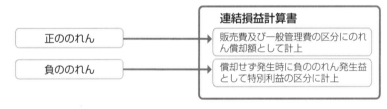

◎のれん … 個別貸借対照表への計上

のれんは連結手続き以外に、他社から事業を譲り受けることなどによっても発生します。このため、のれんは個別貸借対照表にも計上されます。
連結貸借対照表では、連結手続きにより発生するのれんについて、特に区分することなく、まとめて表示されています。

6 非支配株主持分と非支配株主に帰属する当期純損益

Point
- 親会社以外の株主をまとめて、非支配株主という。
- 非支配株主持分とは、連結子会社の純資産のうち、非支配株主に帰属する部分をいう。連結貸借対照表では、純資産の項目の1つとして表示される。
- 非支配株主に帰属する当期純利益（損失）とは、連結子会社の当期純利益（損失）のうち、非支配株主に帰属する部分をいう。

1. 非支配株主持分について理解しよう

非支配株主持分は、子会社の純資産のうち、持株比率に応じて**親会社以外の株主に帰属する部分**です。なお、親会社以外の株主のことを、親会社に対して**非支配株主**といいます。

図表 2-12　非支配株主持分

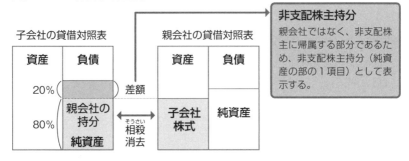

たとえば、発行済株式の80％を新たに取得してC社を子会社にする場合を考えます。

連結手続きでは、親会社の投資（C社株式）とC社の純資産を相殺します。親会社の投資は、C社の純資産の80％部分に対するものです。このため、相殺するさいには、C社の純資産の残り20％部分について差額が生まれます。この差額部分は親会社のものではなく、非支配株主に帰属するものです。そこで、連結貸借対照表で

は、この差額を「純資産の部」に「非支配株主持分」という区分を設けて表示することにしています。

2. 非支配株主に帰属する当期純利益（当期純損失）について理解しよう

1.で述べたC社が、1,000百万円の当期純利益を計上したとします。連結手続きでは損益計算書が単純合算されるので、C社の当期純利益の全額が集計されます。しかし、このうち親会社に帰属するのは、持分割合（80％）に見合う部分だけです。残り20％は非支配株主のものになるので、調整が必要となります。

そこで、連結損益計算書では、合算された当期純利益から、C社の**当期純利益のうち非支配株主に帰属する部分**（1,000百万円×20％＝200百万円）を差し引いて親会社株主に帰属する当期純利益を算出します。この調整額を、非支配株主に帰属する当期純利益といいます。子会社が利益を計上した場合には、**連結損益計算書の当期純利益から減算**します。逆に、子会社が損失を計上した場合には、非支配株主に帰属する当期純損失として、**連結損益計算書の当期純利益に加算**することになります。

図表 2-13　非支配株主に帰属する当期純利益の調整

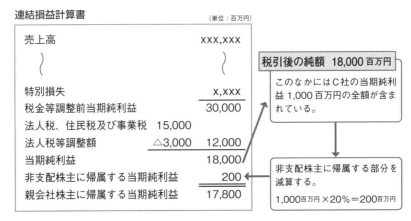

理解度チェックと解答・解説
理解度チェック

次の記述のうち、適切と思われるものは○に、不適切と思われるものは×に、それぞれ丸を付けなさい。

1. 連結財務諸表とは、複数の企業で構成される企業集団を、1つの企業であるかのようにみなして作成する財務諸表である。**(O ×)**

2. 企業集団において、他の企業を支配している会社を親会社といい、親会社によって支配されている会社を子会社という。 **(O ×)**

3. ある1つの会社が、連結財務諸表と個別財務諸表を同時に作成することはない。 **(O ×)**

4. 連結財務諸表は親会社が作成する。 **(O ×)**

5. 連結財務諸表は、個別財務諸表を基礎に作成する。 **(O ×)**

6. A社は、議決権の35%をP社によって所有され、かつP社が議決権の80%を所有しているB社によって、25%を所有されている。このとき、A社はP社の関連会社に該当する。 **(O ×)**

7. C社はY社の議決権の30%を実質的に所有しており、その所有は一時的なものとは認められない。このとき、Y社はC社の子会社でない場合、C社の関連会社である。 **(O ×)**

8. 連結の範囲に含まれない子会社もある。 **(O ×)**

9. 親会社からみて、子会社であると同時に関連会社である会社が存在する。 **(O ×)**

10. A社がB社の子会社であれば、B社はA社の親会社である。 **(O ×)**

11. 持分法とは、非連結子会社や関連会社の純資産および損益のうち、親会社に帰属する部分の変動に応じて親会社の投資の金額を毎期修正する方法である。 **(O ×)**

12. 持分法の適用対象は、関連会社に限定される。 **(O ×)**

40

13. 持分法は「一行連結」と呼ばれることがある。　　　　（O　×）

14. 親会社が発行済株式の25％の株式を保有している関連会社が1,000百万円の当期純利益を計上した。投資消去差額（親会社による投資と、これに対応する関連会社の純資産の差額）はなく、親会社・子会社とこの関連会社との取引はないものとする。また、この関連会社からの配当はなかった。この会社に持分法を適用した場合の当期の連結損益計算書上の「持分法による投資利益」は250百万円である。　　　　（O　×）

解答・解説

番号	解答	解　説
1	**O**	企業集団は、親会社・子会社・関連会社から構成されます。
2	**O**	親会社・子会社の定義に関する一般的な記載です。子会社の判定＝「支配」、関連会社の判定＝「重要な影響」という関係を押さえておきましょう。
3	**×**	親会社では、個別財務諸表と連結財務諸表の両方が作成され、開示されます。
4	**O**	連結財務諸表は、各連結会社で作成された個別財務諸表を基礎として、親会社が作成します。
5	**O**	単純合算、一定の連結調整の手続き、持分法の適用という手順により、連結財務諸表が作成されます。
6	**×**	議決権の所有については、親会社が直接所有する場合のほか、子会社を通じて間接的に所有する場合も、親会社による所有があると考えます。B社はP社に議決権の過半数を所有されているため、P社の子会社に該当します。P社・B社の所有をあわせると、A社の議決権の過半数を所有していることになるので（35％＋25％＝60％）、A社はP社の子会社に該当します。
7	**O**	議決権の20％以上の所有があるので、関連会社に該当します。なお、所有が一時的なものと認められる場合には、関連会社に該当しないことになっています。
8	**O**	連結の範囲に含まれる会社を連結子会社、含まれない子会社を非連結子会社といいます。
9	**×**	子会社・関連会社の両方の要件を満たす会社は、子会社であると考えます。子会社・関連会社の両方の要件を満たす場合、両方に該当するという考え方はありませんので、注意しましょう。

番号	解答	解 説
10	**○**	子会社と親会社は対(つい)になります。親会社と子会社の間には、支配・被支配の関係が成立します。
11	**○**	持分法の一般的な定義です。空欄補充の形式で問われてもよいように押さえておきましょう。
12	**×**	持分法は、<u>非連結子会社</u>と関連会社に適用されます。持分法を適用する会社をあわせて、持分法適用会社といいます。
13	**○**	「一行連結」に対して、通常の連結を「完全連結」「全部連結」ということもあります。
14	**○**	純資産の増加額1,000百万円×持分割合25％＝250百万円となります。厳密には、投資消去差額や連結会社との取引の有無などが影響します。設問では、それらがなかったとされているので、当期純利益のうち、持分割合に見合う部分が持分法による投資利益となります。なお、投資消去差額などがある場合の計算については、検定試験2級では、出題範囲ではないと考えられます。持分法による投資損益の数値を求める出題では、ひとまず「純資産の増加額×持分割合」と考えればよいでしょう。

43

第 3 章

貸借対照表の理解

第3章　貸借対照表の理解

1 資産の評価基準の種類

Point

- 資産の評価基準には、取得原価による基準、時価による基準、現在価値による基準がある。
- 取得原価には、購入代金に加えて付随費用が含まれる。
- 時価には、再調達原価と正味売却価額がある。

1．資産の評価の基準について理解しよう

　貸借対照表の各項目をどのような金額で計上するかについては、貸借対照表の項目ごとに定められています。資産の場合には、大きく分けて、取得原価による基準と時価による基準、そして、現在価値による基準があります。

　原則として、事業用資産は取得原価により計上されます。また、金融資産は時価により計上されます。

> **事業用資産と金融資産：**
> 企業の本来の活動（製造や販売など）に使用されるものを事業用資産という。また、余剰資金の運用・待機中の資産を金融資産という。

2．取得原価、時価、現在価値について理解しよう

①取得原価

　取得原価は、**その資産を取得するのに要した支出額**と説明されます。引取運賃などの付随費用がある場合には、購入代金に加えて取得原価とします。

②時価

　時価は、次のような考え方で説明されます。

- **再調達原価** ……………その資産を、いま再び取得すると仮定したときに必要となる支出額。**取替原価**ともいう。

46

・**正味売却価額** …………その資産を、いま処分すると仮定したときに回収できる金額。**正味実現可能価額**ともいう。

③現在価値

　その資産から将来得られる現金収入額（将来キャッシュ・フロー）について、利子率により時間の経過を考慮して、現時点の価値に割り戻した金額をいいます。

　たとえば、いま手元に100万円があって、これを定期預金に預けたとします。年利が3％であれば、1年後の受取額は、利息とあわせて103万円になります。見方を変えて、1年後に受け取る103万円の現在価値は100万円と考えるわけです。

第3章　貸借対照表の理解

2 有価証券の貸借対照表価額

Point

- 有価証券は、保有目的により、①売買目的有価証券、②満期保有目的の債券、③子会社株式・関連会社株式、④その他有価証券の4つに分類される。
- 有価証券の貸借対照表価額と評価差額の処理は、保有目的による分類によって異なる。
- 弁済（償還）予定額と異なる金額で債権・債務を取得した場合に、貸借対照表価額を算定する方法を、償却原価法という。

1．有価証券の保有目的による分類を理解しよう

　有価証券は、保有する目的によって4つに分類されます。貸借対照表にどのような金額で計上されるかは、この区分によって異なります。まず、有価証券の保有目的による分類を整理しましょう。

①**売買目的有価証券**………時価の変動により、売却することで利益を得る目的で保有するもの

②**満期保有目的の債券**……満期がある債券（国債、社債等）で、満期まで保有し続ける予定のもの

③**子会社株式・関連会社株式**

④**その他有価証券**…………上記①～③のいずれにも該当しないもの

2．有価証券の貸借対照表価額を理解しよう

　有価証券の貸借対照表に計上される金額（貸借対照表価額）は、**保有目的**の分類によって、次のように異なります。

①**売買目的有価証券**………時価による。

②**満期保有目的の債券**……取得原価による。ただし、債券金額と取得価額の差額が金利の調整と認められる場合は、償却原価法（P.50参照）による。

48

③**子会社株式・関連会社株式**…… 取得原価による。

④**その他有価証券**………… 時価のあるものは、時価による。時価の
　　　　　　　　　　　　　　　ないものは、債券・その他で次のように
　　　　　　　　　　　　　　　異なる。

　　　　　　　　　　　　　　　　・債券 → 取得原価または償却原価法
　　　　　　　　　　　　　　　　・その他 → 取得原価

3. 有価証券の評価差額の処理について理解しよう

　取得価額と貸借対照表価額の差額（評価差額）の処理も、保有目的の分類によって、次のように異なります。

①**売買目的有価証券**……… 有価証券評価益または有価証券評価損
　　　　　　　　　　　　　　　を計上する。

②**満期保有目的の債券**…… 取得原価による場合は、評価差額はない。
　　　　　　　　　　　　　　　償却原価法（P.50 参照）による場合は、償
　　　　　　　　　　　　　　　却額を投資有価証券利息として計上する。

③**子会社株式・関連会社株式**…… 取得原価によるため、評価差額はない。

④**その他有価証券**………… 時価のあるものは、次のいずれかによる。

　　　　　　　　　　　　　　　　・純資産の部に、その他有価証券評価
　　　　　　　　　　　　　　　　　差額金として計上
　　　　　　　　　　　　　　　　・差益の場合は、純資産の部に、その
　　　　　　　　　　　　　　　　　他有価証券評価差額金を計上。差損
　　　　　　　　　　　　　　　　　の場合は、投資有価証券評価損とし
　　　　　　　　　　　　　　　　　て計上

　　　　　　　　　　　　　　　時価のないものは、以下のとおり。

　　　　　　　　　　　　　　　　・取得原価による場合
　　　　　　　　　　　　　　　　　→　評価差額なし
　　　　　　　　　　　　　　　　・償却原価法による場合
　　　　　　　　　　　　　　　　　→　償却額を投資有価証券利息
　　　　　　　　　　　　　　　　　　　として計上

4．償却原価法について理解しよう

償却原価法は、**弁済（償還）予定額と異なる金額で債権・債務を取得した場合**に、その債権・債務の貸借対照表価額を算定する方法です。有価証券（債券）の場合にも適用されます。

償却原価法では、取得した金額と償還予定額の差額を、取得時から償還までの期間にわたって、一定の方法により収益または費用として計上します。取得原価にこの償却額を加算または減算することで、貸借対照表価額を算定します。

償却の方法には、定額法と利息法があります。定額法は、差額を毎期均等に償却する方法です。**図表 3-1** に例を示します。

図表 3-1　定額法による償却原価法の例

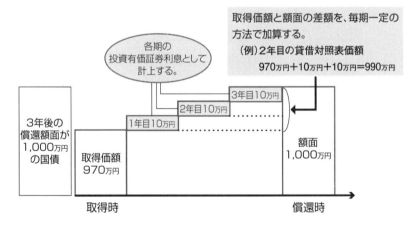

検定対策

▶ 償却原価法の利息法は、取得原価と額面の差額を複利計算の考え方により配分する方法です。

▶ 利息法は計算が複雑となるため、実際に金額を計算させる問題が出される可能性は低いと考えられます。

▶ まずは、定額法と利息法の2つの方法があることを押さえておきましょう。

3 棚卸資産の貸借対照表価額

Point

- 取得後、消費や減失により払い出されたものが、費用として損益計算書に計上され、期末に残った分（期末棚卸高）が、資産として貸借対照表に計上される。
- 払出し分と期末在高に配分する方法には、先入先出法、総平均法、移動平均法、個別法、売価還元法がある。
- 評価は原価法と低価法のいずれかによる。低価法が適用される場合には、取得原価と時価（正味売却価額）が比較される。

1. 棚卸資産の原価配分について理解しよう

取得した棚卸資産のうち、販売や製造によって払い出されたものは、費用として損益計算書に計上されます。そして、期末に手元に残った分だけが、資産として貸借対照表に計上されます。棚卸資産が費用として配分される流れを図で示すと、**図表 3-2** のとおりです。

図表 3-2　棚卸資産の費用配分の流れ

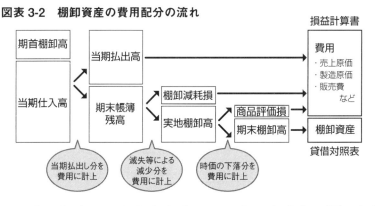

2. 当期払出し分と期末在高に配分する方法を理解しよう

受入れのつど、購入単価が異なる場合、期末に存在する棚卸資産の取得原価をどのように決定するかについては、いくつかの考え方があります（**図表 3-3**）。

第3章　貸借対照表の理解

図表3-3　棚卸資産の評価の方法

方法	内容
先入先出法	先に受け入れたものから順に払い出されると仮定して、取得原価を払出し分と期末在高に配分する方法
総平均法	その期間の総受入高から平均受入単価を求め、その単価により、払出し分と期末在高に配分する方法
移動平均法	受入れのつど、その時点までの平均受入単価を求め、その単価により、払出し分と期末在高に配分する方法
個別法	個別に取得原価を把握する方法 （受入れ・払出しの結果、残ったものの実際の購入単価により取得原価が算定される。）
売価還元法	値入率（商品原価と売価の差額の原価に対する比率）等の類似するものごとの期末の売価合計額に、原価率を掛け合わせた金額を期末棚卸資産の価額とする方法

3．棚卸減耗損と棚卸評価損を理解しよう

①棚卸減耗損の把握

　通常、棚卸資産の受入れ・払出しは継続して記録されるので、期末在高は帳簿の記録により把握可能です。一方、期末には実地棚卸を行い、実際の在高を把握します。この結果、判明した減失などによる減少分は、棚卸減耗損として損益計算書の売上原価・製造原価・販売費・営業外費用などに区分されます。

②棚卸資産の貸借対照表価額

　貸借対照表に計上する金額は、取得原価と時価を比較して低いほうを採用することができます（**低価法**）。ここでの時価は、正味売却価額です。

　低価法を適用したことによる評価損は、商品評価損として費用に計上されます。商品・製品の区分や発生原因により、損益計算書の売上原価・製造原価・販売費・営業外費用などに区分されます。

52

4 繰延税金資産

Point

- 税効果会計は、損益計算書上の法人税、住民税及び事業税の税負担
  額を税金等調整前当期純利益に対応させるための会計処理である。
- 一時差異に対応する税額を繰延税金資産（または繰延税金負債）と
  して貸借対照表に計上し、法人税等調整額を損益計算書に計上する。

1．税効果会計の考え方を理解しよう

①損益計算書の利益と税法上の所得

　法人税、住民税及び事業税（以下、本項では「法人税等」といい
ます。）は、企業の所得を基礎として課税されます。

　所得の金額の計算は、税法に定められていて、損益計算書の利益
とは必ずしも一致しません。損益計算書では収益・費用として計上
していても、税法が定める要件を満たさないために、その期の所得
の計算には反映されず、**翌期以降の所得に反映される**といった場合
などがあるからです。「企業会計上の資産・負債と、課税所得計算
上の資産・負債に差異が生じている」と表現されることもあります。

　所得となるタイミングの違いにより生まれる企業会計上の利益と
所得との差を、**一時差異**といいます。

　所得の金額は、損益計算書の当期純利益からスタートして、一時
差異などに関する金額を加算・減算して計算されます。法人税等の
実際の課税額は、所得に対して計算されます。

②税効果会計による調整

　連結損益計算書上、税負担額を**税金等調整前当期純利益に対応す
るように調整する**会計処理を、税効果会計といいます。

　実際の課税額を、そのまま損益計算書に法人税等として計上する
と、法人税等の金額は税金等調整前当期純利益とは対応しません。

第3章　貸借対照表の理解

上記①で述べたとおり、法人税等の金額は、企業会計上の利益ではなく**所得の金額**を基礎として計算されているからです。

　税金等調整前当期純利益と対応するように法人税等の負担を損益計算書に反映させるためには、別途、調整が必要です。そこで、企業会計上の利益から所得を計算するさいの加算・減算項目（**一時差異項目**）に対応する税額について、調整が行われます。

2．繰延税金資産・繰延税金負債について理解しよう

①繰延税金資産

　一時差異によって、当期純利益に対して**加算の調整**が行われる場合には、実際の課税額は、税金等調整前当期純利益に対して負担が重くなっているはずです。この場合には、税金の前払いが行われると考えます。貸借対照表には、一時差異に対応する税額部分を、**投資その他の資産**の項目として繰延税金資産を計上します。同時に、損益計算書には、**法人税等調整額**として利益を計上して、税負担を軽くします。

②繰延税金負債

　反対に、一時差異によって、当期純利益に**減算の調整**がある場合には、実際の課税額は、税金等調整前当期純利益に対して不足しているはずです。貸借対照表には、一時差異に対応する税額部分を、**固定負債**の項目として繰延税金負債を計上します。同時に、損益計算書には、**法人税等調整額**として損失を計上して、税負担を重くします。

5 固定資産の貸借対照表価額

> **Point**
> - 有形固定資産・無形固定資産については、減価償却により年々の価値の下落が反映される。
> - 取得価額から減価償却累計額を差し引いた残額が貸借対照表価額として計上される。
> - 減損処理は、資産の収益性が著しく低くなった場合に行われる帳簿価額の切下げである。
> - 減損損失は、損益計算書の特別損失の区分に表示される。

1. 有形固定資産・無形固定資産の評価を理解しよう

①減価償却費と帳簿価額

　有形固定資産や無形固定資産は、通常、1年を超えて長期にわたり使用されます。**使用や時間の経過による価値の減少**は各期の減価償却費として損益計算書に反映されます。無形固定資産は、貸借対照表に、取得評価額から**減価償却累計額**を差し引いた残額（**未償却残高**）が計上されます。未償却残高のことを、帳簿価額といいます。有形固定資産は、このほか、取得価額から減価償却累計額を控除し、未償却残高を表示することもあります。

図表 3-4　取得原価と減価償却費・減価償却費累計額

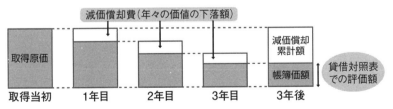

②減価償却の方法

　減価償却の主な方法には、**定額法**と**定率法**があります（**図表 3-5**）。

第3章　貸借対照表の理解

図表 3-5　定額法と定率法

方法	仮定（考え方）	計算方法
定額法	資産の価値は、使用する期間（耐用年数）にわたって平均的に減少する。	（取得原価－残存価額）÷耐用年数
定率法	資産の価値は、一定割合ずつ毎年下落する。	期首の帳簿価額×償却率

2．固定資産の減損処理について理解しよう

①帳簿価額の減額

　固定資産を減価償却により評価する考え方は、固定資産を利用することで、一定の収益が得られることを前提としています。資産の収益性が著しく低下し、投資額の回収が見込めなくなった場合には、減価償却とは別に帳簿価額の減額が必要です。

　減損処理は、投資額の回収が見込めなくなったことにより行う帳簿価額の切下げです。減損処理による帳簿価額の減額分は、損益計算書の特別損失に**減損損失**などとして計上されます。

　また、減損処理後は、切下げ後の帳簿価額をもとに減価償却が行われます。

②減損損失の計算

　減損処理により、帳簿価額は回収可能価額まで切り下げられます。回収可能価額は、**正味売却価額**と、**使用価値**（その資産から得られる将来キャッシュ・フローの割引現在価値）のうち、いずれか高い金額です。

◎土地の評価・・・減価償却と減損処理

　土地については、利用や時間の経過により価値が減少するわけではないため、減価償却は行われません。
　ただし、事業の休止や地価の大幅な下落などにより投資額が回収できなくなることはありうるため、減損処理は行われます。

56

6 負債の分類と引当金

Point
- 負債は、法律上の債務との関係から、確定債務、条件付債務、法律上の債務でない負債に分類される。
- いまは発生していない費用や損失であっても、一定の場合には発生の可能性を見積もって、確定債務ではないが引当金を計上する。
- 貸倒引当金と投資評価引当金は、評価性引当金であり、流動資産または投資その他の資産に、控除項目として計上される。

1．法律上の債務と負債の関係を理解しよう

　負債とは、企業が負担すべき義務で**金額で示すことができるもの**をいいます。よって、負債は法律上の債務とは必ずしも一致しません。法律上の債務との関係では、**図表3-6**のように分類されます。

図表3-6　法律上の債務と負債

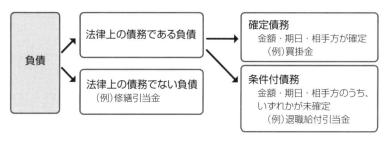

2．引当金について理解しよう

　引当金は、**将来の費用または損失**を見積もって計上するものです。①将来の特定の費用・損失であるものの、②その原因が当期以前にあり、③発生の可能性が高く、かつ、④その金額を合理的に見積もることができるという、4つの条件を満たす場合に計上されます。

　引当金は、**図表3-7**のとおり、**評価性引当金**と**負債性引当金**に分類されます。

第3章　貸借対照表の理解

図表3-7　引当金の分類

分類	内容
評価性引当金	資産の価値が将来減少する可能性を見積り、資産の評価を控除するもの
負債性引当金	将来に費用・損失が発生する可能性を見積り、負債として認識するもの

　また、引当金を表示区分ごとにまとめると、**図表3-8**のとおりです。

図表3-8　主な引当金

表示区分	項目	内容
流動資産・固定資産（※1）	貸倒引当金	債権（売掛金、貸付金など）の貸倒れの可能性を見積もって計上する。（※2）
	投資評価引当金	関係会社への投資の価値低下に備えて計上する。
流動負債	賞与引当金	従業員に対する賞与の支払額を見積もって計上する。
	・製品保証引当金 ・工事補償引当金	販売した製品のアフターサービスや行った工事の事後の補償のために発生する費用を見積もって計上する。
	修繕引当金	有形固定資産の修繕について、次期以降に見込まれる費用を見積もって計上する。

（※1）貸倒引当金は、評価性引当金であるため、流動資産または固定資産（投資その他の資産）の区分に、控除（マイナス）項目として表示される。

（※2）貸倒れの可能性は、債権を債務者ごとに次の3つの区分に分類し、それぞれについて定められた算定方法で算出する（ここでは、算定方法の詳細については省略）。
　　・一般債権……………経営状態に重大な問題が生じていない債務者
　　・貸倒懸念債権………経営破綻の状況には至らないが、債務の弁済に重大な問題が生じる可能性がある債務者
　　・破産更生債権等……経営破綻または実質的に経営破綻の状態にある債務者

　貸倒引当金と投資評価引当金は評価性引当金に、その他の引当金は負債性引当金に該当します。

7 その他の資産・負債の貸借対照表価額

Point

- ●繰延資産は、すでに対価の支払いが完了し、役務の提供を受けているものの、将来の期間にわたって効果（収益）が期待されるために資産として計上される。
- ●創立費、開業費、株式交付費、社債発行費、開発費がある。
- ●その他の資産・負債についても、それぞれの種類に応じた価額で貸借対照表に計上される。

1．繰延資産の貸借対照表価額について理解しよう

①繰延資産の考え方

　繰延資産とは、すでに対価の支払いが完了し、役務の提供を受けているものの、受けた役務の効果は**将来の期間に収益となって現れることが期待される**ために、資産として貸借対照表に計上されるものです。

　将来に現れる効果（収益）と対応させるため、毎期均等額を費用として計上します。したがって、貸借対照表には、**費用化していない残額**が計上されます。

②繰延資産の種類

- ・**創立費**…………会社の設立のためにかかった費用
- ・**開業費**…………会社の設立後、開業準備のためにかかった費用
- ・**株式交付費**……株式の交付のために直接かかった費用
- ・**社債発行費**……社債の発行のために直接かかった費用
- ・**開発費**…………新技術の開発や市場の開拓のためにかかった費用

2．その他の資産・負債の貸借対照表価額について理解しよう

　その他の資産・負債についての貸借対照表価額をまとめると、**図表 3-9** のとおりです。

第 3 章　貸借対照表の理解

図表 3-9　その他の資産・負債の貸借対照表価額

表示区分	項目	貸借対照表価額
流動資産	現金預金	券面額、預金額
	受取手形及び売掛金	手形金額、受取予定額
	電子記録債権	受取予定額
	前渡金	前渡額
流動負債	支払手形及び買掛金	手形金額、要支払額
	電子記録債務	要支払額
	リース債務	要支払額
	短期借入金	借入金額
	コマーシャル・ペーパー（※1）	額面金額（※2）
固定負債	社債	額面金額（※2）
	長期借入金	借入金額

（※1）市場から短期の資金を調達するために発行される無担保の約束手形。ＣＰともいう。
（※2）額面金額と調達（借入）金額が異なる場合には、償却原価法（P.50 参照）により算定
　　　された金額。

60

◎リース取引の種類と表示区分

リース取引は、ファイナンス・リース取引とオペレーティング・リース取引に分類されます。

（1）ファイナンス・リース取引

リース契約に基づくリース期間中契約を解除することができない取引で、借手がリース物件から経済的利益を受け、かつ、リース物件の使用にともなうコストを負担する取引をいいます。さらに、リース期間終了後またはリース期間中にリース物件の所有権が借手に移転する所有権移転ファイナンス・リース取引と、移転しない所有権移転外ファイナンス・リース取引に分かれます。

（2）オペレーティング・リース取引

ファイナンス・リース取引以外のリース取引をいいます。

貸手は、リース取引の開始日に、所有権移転外ファイナンス・リース取引についてはリース投資資産、所有権移転ファイナンス・リース取引についてはリース債権を貸借対照表に計上します。リース投資資産は、将来のリース料を受け取る権利（リース料債権）と見積残存価額から構成されます。

リース投資資産とリース債権は、リース料総額またはリース物件の現金購入価額を、次の区分で表示します。

①会社の主目的の営業取引により発生したもの：流動資産
②営業の主目的以外の取引により発生したもののうち、
　a. 貸借対照表日の翌日から起算して入金期限が1年以内に到来するもの：流動資産
　b. 貸借対照表日の翌日から起算して入金期限が1年を超えて到来するもの：固定資産

61

第3章　貸借対照表の理解

8 純資産の分類① 株主資本

Point

- 純資産の部は、株主資本、その他の包括利益累計額、新株予約権、非支配株主持分から構成される。
- 株主資本は、資本金、資本剰余金、利益剰余金、自己株式で構成される。
- 自己株式は、株主資本の実質的な払戻しであり、株主資本のマイナス項目として計上される。

1. 純資産の構成を理解しよう

　貸借対照表の純資産の部は、大きく、**株主資本、その他の包括利益累計額、新株予約権、非支配株主持分**の4つから構成されています。

図表 3-10　純資産の構成

株主資本	資本金	
	資本剰余金	資本準備金
		その他資本剰余金
	利益剰余金	利益準備金
		その他利益剰余金
	自己株式	
その他の包括利益累計額	その他有価証券評価差額金	
	繰延ヘッジ損益	
	土地再評価差額金	
	為替換算調整勘定	
新株予約権		
非支配株主持分		

62

2．株主資本の内容を理解しよう

株主資本を構成する各項目の内容は、**図表 3-11** のとおりです。

図表 3-11　株主資本の主な内容

項目		内容
資本金		株式の発行により株主から会社へ払い込まれた金額 ……会社法では、払い込まれた金額の一部を資本金としないことができる。資本金とされなかった金額（株式払込剰余金）は、資本準備金とされる。
資本剰余金		株主からの資本の拠出などにより生じた剰余金
	資本準備金	資本剰余金のうち、会社法により積立てや取崩しについて規制されているもの
	その他資本剰余金	資本剰余金のうち、資本準備金以外のもの ……資本準備金の取崩しや自己株式の処分などにより生じる。
利益剰余金		企業が稼いだ利益のうち、配当などにより分配されず、会社に留保されたもの
	利益準備金	利益剰余金のうち、会社法により積立てや取崩しについて規制されているもの
	その他利益剰余金	利益剰余金のうち、利益準備金以外のもの
自己株式		自社の発行する株式 ……実質的に株主資本の払戻しにあたるため、株主資本の部の控除（マイナス）項目として計上される。

第3章　貸借対照表の理解

9 純資産の分類② 株主資本以外の純資産

Point

- その他の包括利益累計額には、その他有価証券評価差額金、繰延ヘッジ損益、土地再評価差額金、為替換算調整勘定がある。
- 新株予約権は、株式を取得することのできる権利をいう。新株予約権は株主資本とは区分して表示される。
- 非支配株主持分とは、連結子会社の純資産のうち非支配株主に帰属する部分である。

1．その他の包括利益累計額の内容を理解しよう

　貸借対照表の項目のなかには、有価証券などのように取得原価とは異なる価額で計上されるものがあります。

　取得原価と貸借対照表価額の差額（評価差額）のうち、各年度の経営成績に反映させることが適当でないものについては損益計算書に計上しません。このような場合には、評価差額を、貸借対照表の**純資産の部**にその他の包括利益累計額として表示します。

図表 3-12　その他の包括利益累計額の内容

項目	内容
その他有価証券評価差額金	その他有価証券について、時価評価を行った場合の評価差額にかかるもの（P.49 参照）
繰延ヘッジ損益	デリバティブ取引について、ヘッジ会計を行った場合のデリバティブ取引の評価差額など
土地再評価差額金	土地再評価法により、土地の再評価を行った場合の評価差額にかかるもの
為替換算調整勘定	海外の連結子会社の財務諸表を為替換算（外貨→邦貨）することなどによるもの

デリバティブ取引：
株式、金利、為替などの原資産から派生した金融商品の取引。先渡取引、先物取引、オプション取引、スワップ取引などがある。

64

2. 新株予約権について理解しよう

　新株予約権とは、将来、その会社の株式を**あらかじめ定めた一定の金額で取得できる権利**をいいます。会社法では、株式そのものとは別に、このような権利を発行することを予定しています。

　対価を得て新株予約権を発行した場合には、純資産の部に、新株予約権という独立の項目で区分して表示します。新株予約権は、あくまでも株式を取得できる権利であり、株式そのものではありません。このため、株主資本とは別の区分とされています。

3. 非支配株主持分について理解しよう

　少数株主持分は、連結貸借対照表のみに表示される項目です。

　連結子会社の純資産のうち、非支配株主に帰属する部分を表します（P.38 参照）。

✎ 検定対策

▶ 検定試験2級の対策としては、その他の包括利益累計額の内訳として、その他有価証券評価差額金、繰延ヘッジ損益、土地再評価差額金、為替換算調整勘定があることまでを押さえておきましょう。

▶ 検定試験2級では、ヘッジ会計や、土地再評価法による土地の再評価、為替換算についてまで問われることはないと考えられます。内訳項目として、これらがあるということを理解すればよいでしょう。

理解度チェックと解答・解説
理解度チェック

次の記述のうち、適切と思われるものは○に、不適切と思われるものは×に、それぞれ丸を付けなさい。

1. 償却原価法とは、金融資産または金融負債を債権額または債務額と異なる金額で計上した場合において、当該差額に相当する金額を弁済期または償還期に至るまで毎期、一定の方法で取得価額に加減する方法である。 　　　　　　　　　　　　　　　　　（O　×）

2. 子会社株式および関連会社株式のうち、時価のないものについては、償却原価法が適用される。 　　　　　　　　　　　　（O　×）

3. その他有価証券の貸借対照表価額は、市場価格の有無にかかわらず、取得原価である。 　　　　　　　　　　　　　　　　　（O　×）

4. 貸倒引当金（貸倒見積高）の算定方法は、(a)一般債権、(b)貸倒懸念債権、(c)破産更生債権等ごとに定められている。 　　　　（O　×）

5. 破産更生債権等とは、経営破綻の状況には至っていないが、債務の弁済に重大な問題が生じているか、または生じる可能性が高い債務者に対する債権をいう。 　　　　　　　　　　　　　　（O　×）

6. 無形固定資産は、未償却残高が貸借対照表価額となる。（O　×）

7. 繰延資産は、未償却残高が貸借対照表価額となる。 　　（O　×）

8. 創立費とは、土地、建物などの賃借料や広告宣伝費などで、会社創立後営業開始時までに支出した開業準備のための費用をいう。
　　　　　　　　　　　　　　　　　　　　　　　　　　　（O　×）

9. 企業会計上の資産または負債の金額と課税所得上の資産または負債の金額との差異のうち、将来において法人税等の支払額を減額する効果を有する差異に対応する税額部分は、会計上、法人税等の前払いと考えられ、繰延税金資産として表示する。 　（O　×）

10. 買掛金は法的債務である負債であり、退職給付引当金は法的債務ではない負債である。 　　　　　　　　　　　　　　　　（O　×）

11. 履行すべき期日、相手方、金額の少なくとも1つが確定していない債務を条件付債務という。 **(O ×)**

12. 割引発行された社債は、発行会社の貸借対照表上、社債の額面金額で表示される。 **(O ×)**

13. 株主資本は、資本金、資本剰余金、利益剰余金および自己株式に区分される。 **(O ×)**

14. 資本金とともに払込資本と呼ばれる資本剰余金は、資本準備金とその他資本剰余金に区分される。 **(O ×)**

15. 利益剰余金は、企業が稼いだ利益のうち分配されずに企業内に蓄積された金額であり、留保利益とも呼ばれる。 **(O ×)**

16. 自己株式の取得は、実質的に資本の払戻しであるため、株主資本から控除することになっている。 **(O ×)**

17. 自己株式を処分したさいに生じた売却益は資本剰余金の性格を有しており、その他資本剰余金に含まれる。 **(O ×)**

18. 純資産におけるその他の包括利益累計額には、その他有価証券評価差額金、繰延ヘッジ損益、土地再評価差額金、および為替換算調整勘定が含まれる。 **(O ×)**

19. 連結貸借対照表上、非支配株主持分は株主資本の区分に控除項目として表示される。 **(O ×)**

解答・解説

番号	解答	解　説
1	O	償却原価法の一般的な定義です。償却原価法は有価証券以外にも、債権・債務の評価に広く適用されるため、このような定義となっています。定額法と利息法の2つの方法があることもあわせて押さえておきましょう。なお、利息法については計算が複雑であるため、検定試験2級では、利息法で金額の計算を求める問題は出ないと考えてよいでしょう。
2	×	子会社株式および関連会社株式の評価は、<u>時価の有無にかかわらず取得原価</u>によることが原則です。
3	×	その他有価証券のうち、<u>市場価格（時価）のあるもの</u>については、期末の時価を貸借対照表価額とします。
4	O	区分ごとの算定方法の詳細については、検定試験2級では、出題範囲ではないと考えられます。対策として、3つの区分があることを押さえておけばよいでしょう。
5	×	設問は、<u>貸倒懸念債権</u>の定義です。破産更生債権等とは、<u>経営破綻または実質的に経営破綻の状態にある債務者</u>に対する債権をいいます。
6	O	無形固定資産の場合には、取得評価額から減価償却累計額を控除した後の未償却残高のみが表示されます。一方、有形固定資産では、取得価額から減価償却累計額を控除する形式で未償却残高を表示する場合があります。
7	O	繰延資産は支出の効果と対応させるため、一定の期間にわたって償却されます。未償却残高が貸借対照表価額となります。
8	×	設問は、<u>開業費</u>の定義です。創立費は、<u>会社設立までに要した費用</u>をいいます。
9	O	繰延税金資産の定義として押さえておきましょう。
10	×	退職給付引当金は、雇用契約等に基づく退職給付（退職一時金や退職年金）の支払義務に備えるものです。一般的には、<u>法的債務である負債</u>と考えられます。

番号	解答	解　説
11	O	たとえば、退職給付債務は、履行の期日・金額が確定していないため確定債務ではなく、条件付債務に該当します。
12	×	割引発行とは、社債を額面金額より低い金額で発行することをいいます。社債の額面と発行金額が異なる場合には、社債の発行者側においても、償却原価法で計算された金額を計上します。
13	O	株主資本の基本的な構成です。確実に押さえておきましょう。
14	O	純資産の部の内訳については、貸借対照表の空欄を補充する形式で問われても対応できるよう、このレベルまでは押さえておきましょう。
15	O	払込資本、留保利益というのは、貸借対照表での区分とは別に、株主資本の源泉に着目して区分する場合の呼び方です。留保利益に対比して、株主からの払込みなどによる元手となる部分を払込資本といいます。
16	O	自己株式は株主資本の控除項目であり、貸借対照表や株主資本等変動計算書でも、△で表示されます。あわせて確認しておきましょう。
17	O	自己株式の売却などによる処分は、実質的には、株式の発行を意味します。したがって、自己株式の売却益は、資本の払込みのさいに生じた剰余額と同様の性格であると考えて、資本剰余金とされます。貸借対照表では自己株式処分差益として、その他資本剰余金の区分に表示されます。
18	O	検定試験2級の対策としては、その他の包括利益累計額に含まれる項目として、その他有価証券評価差額金、繰延ヘッジ損益、土地再評価差額金、為替換算調整勘定があるということを理解しておけばよいでしょう。
19	×	株主資本の区分の控除項目として表示されるのは自己株式です。非支配株主持分は、株主資本とは別の項目として表示されます。なお、非支配株主持分の残高がマイナスとなることはありません。

69

第4章

損益計算書の理解

第 4 章　損益計算書の理解

1 連結損益計算書の構成

Point

- 連結損益計算書では、税引前当期純利益に代えて、税金等調整前当期純利益という利益区分が設けられている。
- 連結損益計算書固有の項目として、非支配株主に帰属する当期純利益（非支配株主に帰属する当期純損失）、親会社株主に帰属する当期純利益（親会社株主に帰属する当期純損失）がある。

1．連結損益計算書の構成を理解しよう

　連結損益計算書の構成は、次ページの**図表 4-1** のとおりです。（個別）損益計算書と同様に、当期純利益までの 5 段階の利益から構成され、そこからさらに非支配株主に帰属する当期純利益を差し引いて親会社株主に帰属する当期純利益が表示されます。

2．個別損益計算書との違いを理解しよう

①税金等調整前当期純利益

　経常利益に特別利益を加え、特別損失を差し引いた利益を、連結損益計算書では、税金等調整前当期純利益と表示します。

②非支配株主に帰属する当期純利益（当期純損失）

　非支配株主に帰属する当期純利益（当期純損失）は、連結子会社の利益（損失）のうち、**非支配株主に帰属する金額**をいいます。

　当期純利益を計算する最終の段階に表示されます（P.39 参照）。

③親会社株主に帰属する当期純利益（当期純損失）

　税金等調整前当期純利益から税金等を控除した当期純利益は、連結グループ全体の利益（損失）となります。

　親会社株主に帰属する当期純利益は、連結グループ全体の利益である当期純利益から、上記②の非支配株主に帰属する当期純利益を

差し引くことで算出され、**親会社株主に帰属する金額**を表します。

図表 4-1　連結損益計算書の構成

項目	金額（百万円）
売上高 売上原価	100,000 70,000
売上総利益	30,000
販売費及び一般管理費	20,000
営業利益	10,000
営業外収益 営業外費用	3,000 2,000
経常利益	11,000
特別利益 特別損失	400 800
税金等調整前当期純利益	10,600
法人税、住民税及び事業税 法人税等調整額	4,600 △300　　4,300
当期純利益	6,300
非支配株主に帰属する当期純利益	400
親会社株主に帰属する当期純利益	5,900

🖉検定対策

▶ 連結損益計算書の構造を示し、項目・金額について空欄を補充させる出題が考えられます。

▶ 非支配株主に帰属する当期純利益・非支配株主に帰属する当期純損失については、利益に対するプラス・マイナスの関係を誤らないように注意しましょう。

第4章　損益計算書の理解

2 売上収益の認識基準

Point

- 実現基準（販売基準）には、商品等の引渡しと対価の受領という2つの要件がある。
- 取引条件などによっては、引渡し以外の時点をもって販売と考えるケースがある。販売基準の具体的適用として、出荷基準、積載基準、引渡基準、入荷基準、検収基準に分けられる。

1．実現基準（販売基準）について理解しよう

①収益の認識

　収益は、実現基準により認識されます。ここでいう実現とは、①商品等の引渡しが完了していること、②対価の受領が確実になっていることという、2つの要件を満たす状態をいいます。

　通常は、商品などを引き渡すことによって、**代金の請求権（売掛金）**が発生します。このため、実現基準は販売基準とも呼ばれます。

②販売基準の具体的な適用

　何をもって販売とするかは、取引条件などにより異なります。実際に売上収益を計上する時点としては、次のようなものが採用されています。

- **出荷基準**……売主が出荷した時点
- **積載基準**……商品を船、貨車などに積載した時点
- **引渡基準**……商品を相手に引き渡した時点
- **入荷基準**……引き渡した商品を相手が倉庫へ納入した時点
- **検収基準**……相手が商品を受け取り、その商品の検収を終えた時点

74

２．工事進行基準について理解しよう

　契約から完成・引渡しまでに長期間を要する請負工事契約において、販売基準によると工事物件を引き渡した時点で売上収益を認識することになり、それまでの期間は活動の実態が経営成績に反映されないことになってしまいます。

　そこで、このような契約において、進捗部分について成果の確実性が認められる場合には、毎期、工事の進捗率を見積り、進捗率に応じて収益を認識することとされています。これを工事進行基準といいます。

　なお、工事の進捗について信頼性をもって見積もることができない場合には、工事の完成・引渡し時点で工事収益全額を計上します。この方法を**工事完成基準**といいます。

3 売上原価と販売費及び一般管理費

> **Point**
> - 当期製品製造原価は、当期に完成品を製造するのに要した原価である。
> - 当期総製造費用は、通常、材料費、労務費、経費の3つに区分される。
> - 当期総製造費用に期首仕掛品棚卸高・期末仕掛品棚卸高を加算・減算することで、当期製品製造原価が求められる。

1. 売上原価の計算方法について理解しよう

売上原価は、次のように計算されます。

a. 商業の場合

売上原価＝期首商品棚卸高＋当期商品仕入高－期末商品棚卸高

b. 製造業の場合

売上原価＝期首製品棚卸高＋当期製品製造原価－期末製品棚卸高

2. 当期製品製造原価の計算方法について理解しよう

当期製品製造原価は、**当期に製品（完成品）を製造するために要した費用**です。これに対して、仕掛品の製造を含め、当期の製造活動に要した費用の総額を当期総製造費用といいます。当期製品製造原価は、当期総製造費用に期首や期末の**仕掛品**を加算・減算することにより計算されます（**図表 4-2**）。

図表 4-2　当期製品製造原価の計算

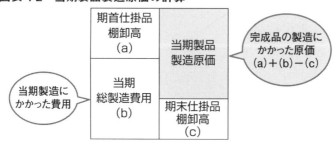

3．製造原価と販売費及び一般管理費の区分を理解しよう

　企業の活動によりかかった費用は、その活動内容により、製造原価と販売費及び一般管理費に区分されます。

　工場など**製造現場での活動**に必要となったものは、製造原価として計上されます。**販売部門**や本社など**管理部門での活動**に必要となったものは、販売費及び一般管理費として計上されます。

4．製造原価明細書について理解しよう

　製造原価明細書は、**製造原価の内訳**を示したものです。

　当期総製造費用を、材料費、労務費、経費の3つの区分に分けて表示しているのが一般的です。さらに、期首仕掛品・期末仕掛品の金額を加算・減算することで、**当期製品製造原価**を計算しています。

図表 4-3　製造原価明細書の構成

区分	金額（百万円）	
Ⅰ　材料費	9,000	
Ⅱ　労務費	13,000	
Ⅲ　経費		
1 外注加工費	2,500	当期総製造費用の
2 減価償却費	2,200	内訳を表示
3 電力料	1,800	
4 その他	1,500	
経費計	8,000	
当期総製造費用	30,000	
期首仕掛品棚卸高	2,000	当期製品製造原価
合計	32,000	を計算
期末仕掛品棚卸高	3,000	
当期製品製造原価	29,000	

第4章　損益計算書の理解

4 営業外損益と特別損益

Point

- 連結損益計算書は、個別損益計算書の合算により作成されるため、営業外損益、特別損益の主な項目は同じである。
- 連結損益計算書に固有の項目としては、持分法による投資利益（持分法による投資損失）がある。

1．営業外損益の主な内容を理解しよう

　連結損益計算書は、親会社と連結子会社の損益計算書を合算して作成します。このため、営業外収益・営業外費用の主な項目は個別の損益計算書と同じです。

①営業外収益の種類

　受取利息、有価証券利息、有価証券売却益、有価証券評価益、受取配当金、雑収入などです。

　そのほか、**図表 4-4** のようなものがあります。

図表 4-4　営業外収益の例

項目	内容
持分法による投資利益	持分法の適用により行った、持分法適用会社に対する投資の修正額（評価益）（P.35 参照）
為替差益	保有する外貨建て資産・外貨建て負債について、為替相場が変動することなどによって生じる利益
仕入割引	仕入債務を期限前に支払う場合に、利息相当として受ける割引額

②営業外費用の種類

　支払利息、社債利息、有価証券売却損、有価証券評価損、手形売

78

却損、雑支出などです。

　そのほか、**図表 4-5** のようなものがあります。

図表 4-5　営業外費用の例

項目	内容
持分法による投資損失	持分法の適用により行った、持分法適用会社に対する投資の修正額（評価損）（P.35 参照）
為替差損	保有する外貨建て資産・負債について、為替相場が変動することなどによって生じる損失
売上割引	売上債権を期限前に回収する場合に、利息相当として支払う割引額
コマーシャル・ペーパー利息	コマーシャル・ペーパー（P.60 参照）の発行にともない支払う利息
社債発行費償却	社債発行費（P.59 参照）の償却額

２．特別損益の主な内容を理解しよう

　連結損益計算書では、特別利益・特別損失についても、主な項目は個別の損益計算書と同じです。

　特別利益には、固定資産売却益、投資有価証券売却益のほか、連結損益計算書に特有の項目として**負ののれん発生益**（P.36 参照）などがあります。

　特別損失には、前期損益修正損、固定資産売却損、投資有価証券売却損、投資有価証券評価損、災害損失、減損損失（固定資産を減損処理したさいの帳簿価額の切下げ額）、固定資産除却損（固定資産を除却・廃棄等により処分したさいの損失）などがあります。

79

理解度チェックと解答・解説
理解度チェック

次の記述のうち、適切と思われるものは○に、不適切と思われるものは×に、それぞれ丸を付けなさい。

1. 検収基準、出荷基準、引渡基準のうち、もっとも遅い時点で収益を認識するのは、引渡基準である。 **(O ×)**

2. 製造業を営む会社において、売上原価は、期首製品棚卸高に当期総製造費用を加え、期末製品棚卸高を控除することで算出される。 **(O ×)**

3. 製造業を営む会社において、当期製品製造原価は、期首仕掛品棚卸高に当期総製造費用を加え、期末仕掛品棚卸高を控除することで算出される。 **(O ×)**

4. 製造原価明細書の最終行は当期総製造費用である。 **(O ×)**

5. 製造原価明細書には、材料費、労務費、管理費が示されている。 **(O ×)**

6. 持分法による投資損失は、損益計算書の特別損失の区分に表示される項目である。 **(O ×)**

7. 非支配株主に帰属する当期純損失は、損益計算書の営業外費用の区分に表示される項目である。 **(O ×)**

8. 連結損益計算書における当期純利益は、税金等調整前当期純利益から、法人税、住民税及び事業税を控除し、法人税等調整額を加減し、さらに、非支配株主に帰属する当期純利益を差し引いて求められる。 **(O ×)**

9. 非支配株主に帰属する当期純利益とは、子会社の当期純利益のうち親会社以外の非支配株主の持分に帰属する金額であり、連結損益計算書の税金等調整前当期純利益に加算される。 **(O ×)**

10. 連結損益計算書は、非支配株主に帰属する損益も表示している。 **(O ×)**

80

解答・解説

番号	解答	解　説
1	×	出荷基準がもっとも早く、引渡基準、検収基準の順で遅い時点となります。据付けや設置が必要な商品などの場合には、正常に稼動することの確認がなされ、相手方から検収を受けた時点で収益を認識することがあります。
2	×	売上原価は、期首製品棚卸高＋当期製品製造原価－期末製品棚卸高で求めます。
3	O	当期製造のために投入したコスト（当期総製造費用）のうち、期首・期末の仕掛品の増減を調整することで、当期完成品の製造のために要したコスト（当期製品製造原価）が得られます。
4	×	製造原価明細書の最終行は、当期製品製造原価です。
5	×	製造原価明細書には、当期総製造費用の内訳が示されます。材料費、労務費、経費に区分して表示されることが一般的です。
6	×	持分法による投資損失は、損益計算書の営業外費用の区分に表示されます。
7	×	非支配株主に帰属する当期純損失は、損益計算書の当期純利益の直後に表示されます。持分法による投資損失と混同しないよう注意しましょう。
8	×	当期純利益から非支配株主に帰属する当期純利益を加減して、親会社株主に帰属する当期純利益を算出します。
9	×	非支配株主に帰属する当期純利益は、当期純利益から減算する項目です。利益への加算・減算の関係に注意しましょう。
10	O	連結損益計算書は、連結会社の損益計算書の単純合算を基礎として作成されます。したがって、連結損益計算書でも、非支配株主に帰属する当期純損益を調整するまでのところでは、非支配株主に帰属する金額を含めて表示されています。

81

第5章

連結包括利益計算書の
理解

第 5 章　連結包括利益計算書の理解

1 包括利益の構成

Point

- 連結包括利益計算書は、親会社株主・非支配株主等との資本取引を除く期中の純資産の変動について報告する計算書である。
- 包括利益は、当期純利益とその他の包括利益から構成される。親会社株主に帰属するものと非支配株主に帰属するものの両方を含む。
- その他の包括利益とは、資産・負債の価値の変動のうち損益計算書に反映されないものをいう。

1．包括利益の考え方を理解しよう

　包括利益は、一定期間の純資産の変動額のうち、持分所有者（親会社株主、非支配株主、新株予約権の所有者）との直接的な資本取引を除いたものです。当期純利益とその他の包括利益から構成されます。

連結包括利益計算書の包括利益＝当期純利益＋その他の包括利益

2．その他の包括利益の項目について理解しよう

　その他の包括利益は、資産・負債の価値の市場価格の変動などによる増減のうち、損益計算書に反映されないものをいいます。主な項目は以下のとおりです。その期間の増減が包括利益計算書に計上され、累計額が貸借対照表の純資産の部にその他の包括利益累計額として表示されます。

●**その他有価証券評価差額金**（P.64 参照）

●**繰延ヘッジ損益**（P.64 参照）

●**為替換算調整勘定**（P.64 参照）

●**退職給付に係る調整額**

　…退職年金などの退職給付費用にかかる負債について、その後の制度の変更などにより発生した未認識項目を当期に費用処理した金額をいいます。

●持分法適用会社に対する持分相当額
　…持分法適用会社のその他の包括利益に対する親会社の持分相当額をいいます。

3．包括利益と親会社株主持分・非支配株主持分の関係を理解しよう

図表 5-1 のとおり、包括利益には、親会社株主に係る部分と非支配株主に係る部分の両方が含まれています。

図表 5-1　包括利益と親会社株主持分・非支配株主持分の関係

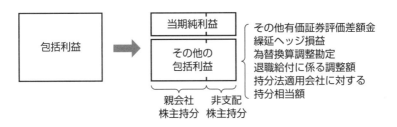

4．その他の包括利益の組換調整について理解しよう

すでに包括利益計算書でその他の包括利益として認識されていたものについて、その後、損益計算書で損益が確定すると、当期純利益に含まれることになります。この場合、過去に計上したその他の包括利益と当期に計上する当期純利益が重複することになるため、その金額をその他の包括利益から控除する組替調整を行います。この金額を**組替調整額**といいます。

第 5 章 連結包括利益計算書の理解

図表 5-2 組替調整の例

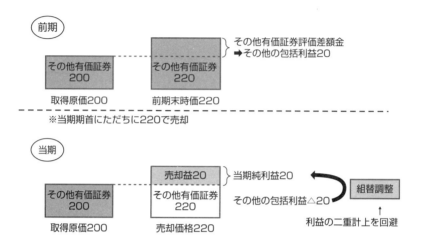

なお、**図表 5-2** は、説明の便宜上、評価差額への繰延税金負債の影響は省略しています。

2 連結包括利益計算書の様式

Point

- 連結包括利益計算書の表示方法には、1計算書方式と2計算書方式がある。

1. 1計算書方式について理解しよう

当期純利益を表示する連結損益計算書と、包括利益を表示する連結包括利益計算書を、**連結損益及び包括利益計算書**として、1つの計算書で表示する方式です。

図表 5-3　1計算書方式の例

＜連結損益及び包括利益計算書＞

売上高	×××
税金等調整前当期純利益	×××
法人税等	×××
当期純利益	2,200
（内訳）	
親会社株主に帰属する当期純利益	2,160
非支配株主に帰属する当期純利益	40
その他の包括利益：	
その他有価証券評価差額金	220
その他の包括利益合計	220
包括利益	2,420
（内訳）	
親会社株主に係る包括利益	2,376
非支配株主に係る包括利益	44

第5章　連結包括利益計算書の理解

2.2計算書方式について理解しよう

　連結損益計算書と連結包括利益計算書を、2つの計算書で表示する方式です。

図表5-4　2計算書方式の例

　<連結損益計算書>

売上高	×××
税金等調整前当期純利益	×××
法人税等	×××
当期純利益	2,200
非支配株主に帰属する当期純利益	40
親会社株主に帰属する当期純利益	2,160

　<連結包括利益計算書>

当期純利益	2,200
その他の包括利益:	
その他有価証券評価差額金	220
その他の包括利益合計	220
包括利益	2,420
（内訳）	
親会社株主に係る包括利益	2,376
非支配株主に係る包括利益	44

88

理解度チェックと解答・解説
理解度チェック

次の記述のうち、適切と思われるものは○に、不適切と思われるものは×に、それぞれ丸を付けなさい。

1. 新株予約権は、その他の包括利益に含まれる。 (O ×)

2. 持分法による投資利益は、その他の包括利益に含まれる。(O ×)

3. 繰延ヘッジ損益は、その他の包括利益に含まれる。 (O ×)

4. 為替換算調整勘定は、その他の包括利益に含まれる。 (O ×)

5. 連結包括利益計算書では、当期純利益からその他の包括利益を控除して、包括利益を表示する。 (O ×)

6. 包括利益の内訳には、親会社株主に係る包括利益と非支配株主に係る包括利益が表示される。 (O ×)

7. 1計算書方式の連結損益及び包括利益計算では、包括利益の内訳は表示されない。 (O ×)

解答・解説

番号	解答	解　　説
1	×	新株予約権は、<u>純資産</u>に含まれます。
2	×	持分法による投資利益は、<u>営業外収益</u>に含まれます。
3	○	繰延ヘッジ損益は、その他の包括利益に含まれます。
4	○	為替換算調整勘定は、その他の包括利益に含まれます。
5	×	連結包括利益計算書では、当期純利益にその他の包括利益を<u>加算</u>して、包括利益を表示します。
6	○	包括利益には、親会社株主に係る部分と非支配株主に係る部分が含まれます。
7	×	1計算書方式の連結損益及び包括利益計算にも、包括利益の内訳が<u>表示されます</u>。

第6章

株主資本等変動計算書の
理解

第6章　株主資本等変動計算書の理解

1 株主資本等変動計算書のしくみ

Point

- 株主資本等変動計算書は、株主資本等の前期末から当期末までの変動を表す。
- 株主資本の項目は変動要因ごとに内訳を示し、それ以外の項目は変動の純額のみ示す。
- 当期の株主資本等変動計算書は、前期末・当期末の貸借対照表、および、当期の損益計算書とつながっている。

1．株主資本等変動計算書の構成を理解しよう

　株主資本等変動計算書は、貸借対照表の純資産の部の各項目について、一会計期間の変動を表す計算書です。純資産の部の項目のうち、株主資本の項目については**増減要因ごとに内訳**を示し、その他の項目については、**増減の純額**を示すことになっています。

図表 6-1　連結株主資本等変動計算書の構成

	株主資本				
	資本金	資本剰余金	利益剰余金	自己株式	株主資本合計
当期首残高	XX	XX	XX	△XX	XX
当期変動額					
新株の発行	XX	XX			XX
剰余金の配当			△XX		△XX
親会社株主に帰属する当期純利益			XX		XX
〜					
株主資本以外の項目の当期増減額（純額）					
当期変動額合計	XX	XX	XX	△XX	XX
当期末残高	XX	XX	XX	△XX	XX

92

図表6-1は、連結株主資本等変動計算書の構成を模式的に示したものです。Ⓐは、純資産の部の各項目の当期首残高、Ⓒは、純資産の部の各項目の当期末残高です。Ⓑ－1、Ⓑ－2の部分は、各項目の当期の変動額が示されます。

株主資本の項目の変動については、変動事由ごとに増減の明細が示されます（Ⓑ－1）。また、株主資本以外の項目の増減については、当期の変動をまとめて純額で記載します（Ⓑ－2）。

株主資本等変動計算書は、前期末・当期末の貸借対照表、当期の損益計算書とつながっています。

Ⓐの部分は、**連結貸借対照表の前期末残高と一致**します。Ⓒの部分は、**連結貸借対照表の当期末残高と一致**します。

また、親会社株主に帰属する当期純利益は、その期間の会社のもうけであり、その分だけ利益剰余金の増加をもたらします。したがって、Ⓑ－1の項目には、必ず親会社株主に帰属する当期純利益（または当期純損失）が存在し、**連結損益計算書の親会社株主に帰属する当期純利益の金額と一致**します。

その他の包括利益累計額	新株予約権	非支配株主持分	純資産合計	
XX	XX	XX	XX	Ⓐ 前期末連結貸借対照表と一致
			XX	Ⓑ-1 変動事由の内訳ごとに記載
			△XX	
			XX	
				連結損益計算書の親会社株主に帰属する当期純利益と一致
△XX	XX	XX	XX	Ⓑ-2 当期の増減をまとめて純額で記載
△XX	XX	XX	XX	
XX	XX	XX	XX	Ⓒ 当期末連結貸借対照表と一致

93

第6章　株主資本等変動計算書の理解

2 株主資本の変動

Point

●株主資本の変動する要因は、新株の発行、剰余金の配当、当期純利益の発生、自己株式の取得、自己株式の処分などがある。

●自己株式は、株主資本の控除項目であるため、株主資本等変動計算書においても△（マイナス）表示される。

1. 株主資本が変動する要因を理解しよう

株主資本は、①新株の発行、②剰余金の配当、③当期純利益の発生、④自己株式の取得、⑤自己株式の処分などにより変動します。

株主資本等変動計算書にどう示されるのか、具体的な例で説明します（**図表6-2**）。

新株の発行は、資本金と資本剰余金の増加をもたらします。**図表**

図表 6-2　連結株主資本等変動計算書の例

	株主資本					その他の包括利益累計額
	資本金	資本剰余金	利益剰余金	自己株式	株主資本合計	
当期首残高	100,000	50,000	300,500	△500	450,000	22,800
当期変動額	①					
新株の発行	50,000	50,000			100,000	
剰余金の配当		②	△3,200		△3,200	
親会社株主に帰属する						
当期純利益		③	53,000		53,000	
自己株式の取得			④	△100	△100	
自己株式の処分		⑤ 100	→	200	300	
株主資本以外の項目の当期増減額		マイナス項目の減少であるため、△印は付かない。				400
当期変動額合計	50,000	50,100	49,800	100	150,000	400
当期末残高	150,000	100,100	350,300	△400	600,000	23,200

6-2 ①では、「新株の発行」の行を横に見ると、資本金と資本剰余金がそれぞれ 50,000 百万円ずつ増加する記載となっていることがわかります。

剰余金（資本剰余金、利益剰余金）の配当は、それぞれの剰余金の減少をもたらします。②では、利益剰余金の配当が行われて、3,200 百万円の減少（△印）が記載されています。

当期純利益の発生は、利益剰余金の増加をもたらします。③では、この期の親会社株主に帰属する当期純利益が 53,000 百万円であったとして、同額の利益剰余金の増加が記載されています。

自己株式の取得は、株主資本の払戻しを意味します。したがって、貸借対照表での残高の記載と同様、株主資本等変動計算書にも、自己株式の前期末残高および当期末残高については、マイナス残高（△印）で記載されます。④では、この期に新たに 100 百万円の自己株式の取得があったとして、自己株式の増加（株主資本の減少）が示されています。

自己株式の処分（売却など）は、株主資本の増加をもたらします。処分した分だけ自己株式が減少するとともに、処分による差益（または差損）が、資本剰余金に反映されます。⑤では、自己株式 200 百万円（取得原価）を 300 百万円で処分し、自己株式処分差益 100 百万円が発生した場合の記載を示しています。「自己株式の処分」の行を横に見ると、自己株式が 200 百万円減少し、自己株式処分差益 100 百万円は資本剰余金の増加となり、株主資本全体としては 300 百万円増加したことがわかります。

（単位:百万円）

新株予約権	非支配株主持分	純資産合計
200	27,000	500,000
		100,000
		△3,200
		53,000
		△100
		300
100	500	1,000
100	500	151,000
300	27,500	651,000

第6章　株主資本等変動計算書の理解

3 株主資本等変動計算書の活用

Point

- 個別株主資本等変動計算書では、株主資本の計数の変動（内訳項目の振替え）や自己株式の変動に注目する。
- 連結株主資本等変動計算書では、総還元性向に注目すると、株主還元の度合いを把握できる。

1．個別株主資本等変動計算書の活用について理解しよう

①株主資本の計数の変動

　株主資本のうち、資本金、準備金（資本準備金、利益準備金）、剰余金（資本剰余金、利益剰余金）については、会社の資産・負債の変動をともなわずに、株主総会決議の手続きにより内容構成の振替えが行われる場合があります、この振替えを、**株主資本の計数の変動**といいます。

　株主への配当は剰余金から行われます。したがって、資本金や準備金から剰余金への振替えは、株主にとって配当財源が厚くなることを意味します。一方、債権者にとっては、配当によって会社財産が流出することなく、資本金や準備金に見合う財産が会社に維持されることが望ましいといえます。こうした株主と債権者の間の利害を調整するため、会社法では株主資本の計数の変動について、一定の手続きを定めています。

　個別財務諸表の株主資本等変動計算書によって、どのような計数の変動がなされているのかを知ることができます。

②自己株式の変動

　自己株式の変動は、当期純利益・当期純損失、剰余金の配当とともに株主資本変動の要因となります。自己株式の取得（自社株買い）は、市場に流通する株式数の減少をもたらすため、株価収益率（P.156参照）や株価純資産倍率（P.157参照）などの1株当たり指標を実

96

質的に上昇させ、株価の改善につなげる効果を持っています。取得した自己株式は、役員や社員のインセンティブに活用したり、M＆Aのさいの買収対価として使われたりすることもあります。また、買収防衛のために自社株買いを行うこともあります。

　自己株式の変動の内容によって、その企業の資本政策をみることができます。

２．連結株主資本等変動計算書の活用について理解しよう

　連結当期純利益に対する配当金と自社株式取得の合計額の割合を、**総還元性向**または**総配分性向**といいます。動向から、株主還元の充実や株価上昇を通じた買収防衛など企業の施策を推測することができます。

理解度チェックと解答・解説
理解度チェック

次の記述のうち、適切と思われるものは○に、不適切と思われるものは×に、それぞれ丸を付けなさい。

1. 株主資本等変動計算書は、貸借対照表の純資産の部の一会計期間における変動額を表示する計算書である。　　　　　　(O　×)

2. 株主資本等変動計算書は、前期の損益計算書と当期の損益計算書をつなぐ役割を果たす。　　　　　　　　　　　　　(O　×)

3. 株主資本等変動計算書に表示される「資本金」の期末残高は、貸借対照表に表示される「資本金」の金額と一致する。　(O　×)

4. 株主資本等変動計算書では、親会社株主に帰属する当期純利益は利益剰余金に加算される。　　　　　　　　　　　(O　×)

5. 株主資本等変動計算書は、株主資本に属する項目については変動事由ごとに金額を表示するが、それ以外の項目については変動額を純額で表示する。　　　　　　　　　　　　　　　　(O　×)

6. 繰延ヘッジ損益と非支配株主持分は、株主資本等変動計算書において、株主資本の変動に該当しない。　　　　　　(O　×)

7. 自己株式の取得は、株主資本等変動計算書において、株主資本の変動に該当する。　　　　　　　　　　　　　　(O　×)

8. 新株の発行は、株主資本等変動計算書において、株主資本の変動に該当する。　　　　　　　　　　　　　　　(O　×)

9. 新株予約権の発行は、株主資本等変動計算書において、株主資本の変動に該当する。　　　　　　　　　　　　　(O　×)

10. 剰余金の配当は、株主資本等変動計算書において、株主資本の変動に該当する。　　　　　　　　　　　　　　(O　×)

解答・解説

番号	解答	解説
1	O	定義どおりです。株主資本等変動計算書は、一会計期間の変動額を表示します。
2	×	株主資本等変動計算書は、当期の損益計算書とつながりますが、<u>前期の損益計算書</u>とはつながりません。
3	O	株主資本等変動計算書の前期末残高・当期末残高は、それぞれ前期末・当期末の貸借対照表の純資産の部の各項目の残高と一致します。
4	O	当期純利益は、利益剰余金を増加させる要因です。株主資本等変動計算書では、利益剰余金の増加項目の1つとして、親会社株主に帰属する当期純利益が記載されます。この金額は、当期の損益計算書の親会社株主に帰属する当期純利益と一致します。
5	O	株主資本の項目と、それ以外の項目とで記載の仕方が異なるため、株主資本等変動計算書という名称になっていると理解しておくとよいでしょう。
6	O	株主資本等変動計算書の理解というよりは、貸借対照表の「純資産の部」の区分の理解を問う問題です。繰延ヘッジ損益は、その他の包括利益累計額の内訳項目の1つです。非支配株主持分は、それ自体が独立した1項目となっています。
7	O	自己株式は、株主資本の控除項目です。貸借対照表での残高の記載の場合と同様に、△を付けて金額を記載します。増減についても△を付けて記載されます。
8	O	新株の発行は、通常、資本金および資本準備金（資本剰余金）の増加をもたらします。
9	×	新株予約権は、株主資本とは独立した項目であり、新株予約権の発行そのものは、<u>株主資本の変動には該当しません</u>。
10	O	剰余金の配当は、剰余金（資本剰余金または利益剰余金）の減少を意味します。よって、株主資本の変動に該当します。

第7章

キャッシュ・フロー計算書の
理解

第7章　キャッシュ・フロー計算書の理解

1 キャッシュ・フローとは

Point

- キャッシュ・フロー計算書におけるキャッシュの範囲は現金及び現金同等物とされ、貸借対照表の現金預金とは必ずしも一致しない。
- 現金同等物は、容易に換金可能で、価値の変動が小さい短期投資をいう。定期預金は満期3か月以内で判断する。上場株式は該当しない。
- 当座借越は、負の現金同等物としてキャッシュの範囲に含まれる。

1. キャッシュ・フロー計算書の役割を理解しよう

　キャッシュ・フロー計算書は、一会計期間のキャッシュ・フローの状況を示す計算書です。

　一定期間のフローを示す計算書としては、ほかに損益計算書があります。損益計算書は、その期間の収益と費用を対比して示すことで、企業の経営成績を表しています。

　収益・費用のフローとは別に、キャッシュ・フローの状況を示すことには、次の2つの点で意味があります。

（1）収益・費用のフローとキャッシュ・フローでは、タイミングが異なる

　収益・費用は、**実現主義や発生主義によって認識**されます。このため、収益・費用の収支とキャッシュの収支は、認識時点が一致しません。収益・費用の収支がプラスとなっていても、キャッシュの収支は大幅なマイナスとなっている可能性があります。

（2）キャッシュ・フローは、客観的事実を示す

　減価償却の方法として定額法と定率法があるように、会計処理方法のなかには、**企業によって採用する方法が異なる**ものもあります。この結果、仮に活動状況が同じであっても、採用する会計処理によって、示される損益は相違する場合があります。

　これに対して、キャッシュ・フローは、会計処理の方法に左右されずに客観的事実を表現することができます。

102

２．現金及び現金同等物の範囲を理解しよう

キャッシュ・フロー計算書が示すキャッシュの範囲は、**現金及び現金同等物**とされています。このため、キャッシュ・フロー計算書のキャッシュの範囲と、貸借対照表の現金預金は、**必ずしも一致しません**。

図表 7-1　現金及び現金同等物

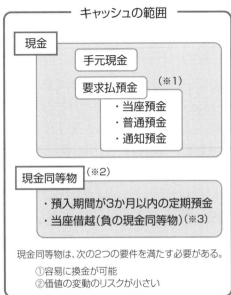

検定対策

▶ 現金同等物の定義にある「短期」投資の判定については、絶対的な基準はありません。

▶ 実務では、預入れから満期までの期間が３か月以内の定期預金については、現金同等物とするのが一般的になっています。

▶ 検定試験２級の出題についても、特に指示がないかぎり、３か月を基準に判断してよいでしょう。

第7章　キャッシュ・フロー計算書の理解

2 キャッシュ・フロー計算書の構成

Point

- キャッシュ・フロー計算書では、キャッシュ・フローを営業活動・投資活動・財務活動の３つの区分に分類して表示する。
- ３つの活動によるキャッシュ・フローと、現金及び現金同等物に係る換算差額から、現金及び現金同等物の当期増減額が示される。

1．キャッシュ・フロー計算書の構成を理解しよう

①キャッシュ・フローの区分

　キャッシュ・フロー計算書では、企業の活動を、**営業活動、投資活動、財務活動**の３つに区分しています。そして、それぞれの活動についての資金の収支（キャッシュ・フロー）を表示します。

　それぞれの区分の内容は、**図表 7-2** のとおりです。

図表 7-2　キャッシュ・フローの３つの区分

分類	内容
営業活動による キャッシュ・フロー	企業の本業によるキャッシュ・フロー （さらに、この区分には、投資活動によるキャッシュ・フロー、財務活動によるキャッシュ・フローのいずれにも含まれないものも示される。）
投資活動による キャッシュ・フロー	設備投資や、証券投資、貸付など、資金の運用・回収などに関するキャッシュ・フロー
財務活動による キャッシュ・フロー	借入や新株の発行など、資金調達・返済などに関するキャッシュ・フロー

②キャッシュ・フロー計算書の構成

　次ページの**図表 7-3** は、キャッシュ・フロー計算書の構成を示したものです。

104

図表 7-3　キャッシュ・フロー計算書の構成

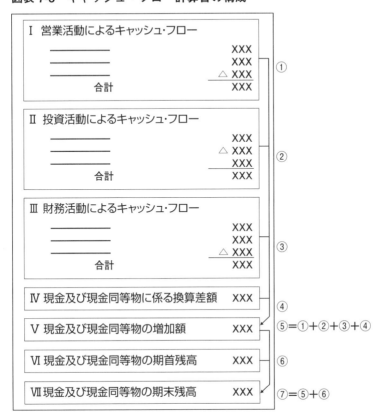

　Ⅰ～Ⅲの各区分では、**営業・投資・財務の各活動によるキャッシュ・フロー**が内訳ごとに示されます。

　Ⅳの**現金及び現金同等物に係る換算差額**は、現金や現金同等物について、為替相場の変動などにより生じた換算差額です。

　Ⅰ～Ⅳを合計して、Ⅴの**現金及び現金同等物の増加額**が示されます。これにⅥの**現金及び現金同等物の期首残高**を加えて、最終的にⅦの**現金及び現金同等物の期末残高**を表します。

第7章　キャッシュ・フロー計算書の理解

3 キャッシュ・フロー計算書の表示のルール

Point

- ●営業活動キャッシュ・フローの表示方法には、直接法と間接法がある。いずれの方法によっても、算出される営業活動キャッシュ・フローの金額は同じである。
- ●投資活動・財務活動キャッシュ・フローの表示については、原則として、収入・支出の項目を相殺せず総額で表示する。例外として、一定の場合には純額での表示が認められる。

1．営業活動によるキャッシュ・フローの表示方法

　営業活動によるキャッシュ・フローの表示方法には、**直接法**と**間接法**があり、どちらかを継続して適用することが認められています。

　直接法とは、営業活動による収入・支出の項目を相殺せずに総額で表示する方法です。営業収入、商品の仕入による支出、人件費の支出といったように、1つひとつの収入・支出の項目を表示し、これらを差し引きして、営業活動によるキャッシュ・フローが表示されます。

　これに対して、間接法は、営業活動による収入・支出の項目を、1つひとつ示すことはしません。税金等調整前当期純利益（個別キャッシュ・フロー計算書の場合は、税引前当期純利益）に対して、一定の調整計算を行って、営業活動によるキャッシュ・フローを導きます。

　間接法は、実務の便宜から認められている方法であり、実務では間接法が圧倒的に多く採用されています。

　なお、直接法・間接法、いずれの方法によっても、最終的に導かれる営業活動によるキャッシュ・フローの金額は同じです（次ページ**図表7-4**）。

106

2．投資活動・財務活動によるキャッシュ・フローの表示方法

　投資活動・財務活動の各キャッシュ・フローの区分については、収入・支出の主要な取引項目ごとに、**内訳項目を相殺せずに総額で**表示することになっています。

　たとえば、投資有価証券の購入と売却が同じ期にあった場合には、相殺せずに支出と収入を総額で表示しなければなりません。

　ただし、**総額表示の例外**として、**期間が短く、かつ、回転の速い項目**については、純額で表示することが認められています。

　たとえば、期間の短い借入と返済が繰り返し行われている場合には、「短期借入金の純増加額」として、財務活動によるキャッシュ・フローの区分に純額で表示されることがあります。

図表7-4　営業活動キャッシュ・フローの表示方法（直接法と間接法）

直接法による表示	間接法による表示
Ⅰ営業活動によるキャッシュ・フロー	Ⅰ営業活動によるキャッシュ・フロー
1. 営業収入　　　　　　　XXX	1. 税金等調整前当期純利益　XXX
2. 商品の仕入れによる支出　△XXX	2. 減価償却費　　　　　　XXX
3. 人件費の支出　　　　　△XXX	3. 棚卸資産の増加額　　　△XXX
〜　　　　　　　　　〜	〜　　　　　　　　　〜
合計　　　　　　　　　XXX	合計　　　　　　　　　XXX
Ⅱ投資活動によるキャッシュ・フロー	Ⅱ投資活動によるキャッシュ・フロー
〜	〜

収入・支出の項目の差し引きにより、営業キャッシュ・フローを示す。

税金等調整前当期純利益からの逆算により、営業キャッシュ・フローを示す。

※どちらの方法によっても、営業キャッシュ・フローの金額は同じ。

107

第 7 章　キャッシュ・フロー計算書の理解

4 営業活動によるキャッシュ・フロー

Point

- 間接法では、税金等調整前当期純利益に、①非資金損益、②営業活動に関連しない損益、③営業活動にかかる資産および負債の増減額を加算・減算して、小計の金額を算出する。

- 小計欄は、純粋な営業活動によるキャッシュ・フローとそれ以外のものを区分するために設けられている。小計欄より下には、投資活動にも財務活動にも該当しないキャッシュ・フローを記載する。

- 小計欄より下の部分は、直接法、間接法にかかわらず同じ計算構造となる。

1. 間接法による表示の計算構造を理解しよう

　図表 7-5 は、間接法で表示した営業活動によるキャッシュ・フローの計算構造を示しています。

図表 7-5　間接法表示の営業活動によるキャッシュ・フローの計算構造

税金等調整前当期純利益(※)		30,000

逆算のための調整項目	非資金損益　　　　　　　　　　　　　　　　2,000 （例）減価償却費、のれん償却額、引当金の増加
	営業活動に関連しない損益　　　　　　　　　1,000 （例）投資有価証券売却損益、支払利息、受取利息
	営業活動にかかる資産および負債の増減額　△4,000 （例）売上債権の増減、棚卸資産の増減、仕入債務の増減

小計		29,000

投資活動および財務活動以外の活動によるキャッシュ・フロー (例)法人税等の支払い、損害賠償金の支払い		△5,000

営業活動によるキャッシュ・フロー		24,000

（※）個別キャッシュ・フロー計算書では、税引前当期純利益。

図表7-5のとおり、間接法では、税金等調整前当期純利益に、①非資金損益、②営業活動に関連しない損益、③営業活動にかかる資産および負債の増減額を加算・減算して、小計の金額を算出します。小計より下の部分は、投資活動にも財務活動にも該当しないキャッシュ・フローを記載する箇所です。これらを差し引きして、営業活動によるキャッシュ・フローを表示します。

2．投資・財務以外の活動による収支の取扱いを理解しよう

キャッシュ・フロー項目のなかには、営業活動・投資活動・財務活動のいずれにも該当しないものや、いずれに該当するかはっきりしないものもあります。たとえば、法人税等の支払額、損害賠償金の支払額、災害による保険収入などです。

キャッシュ・フロー計算書では、そうしたものについても営業活動によるキャッシュ・フローに含めることにしています。ただし、純粋な営業活動によるキャッシュ・フローと区別して把握できるようにするため、営業活動によるキャッシュ・フローの区分のなかには「小計」の欄を設けています。いずれの区分にも該当しないこれらのキャッシュ・フローについては、小計欄より下に記載することになっています。

なお、小計欄より下の項目は、営業活動によるキャッシュ・フローの表示を直接法・間接法いずれの方法によった場合にも、同じように表示されます。

✎ 検定対策

▶ 検定試験2級では、税金等調整前当期純利益に対する調整には、どのような項目があるかについて具体的に問う問題などが考えられます。

▶また、どのように加算・減算の調整がされるかなど、項目名・金額を空欄に補充させる形式での出題も考えられます。

109

第7章 キャッシュ・フロー計算書の理解

5 間接法表示による調整内容 ①

Point
- 非資金費用は、税金等調整前当期純利益に加算する調整が行われる。
- 資産の売却収入等は、別途、投資活動キャッシュ・フローに表示されるため、損益計算書に計上されている売却損は加算される。
- 受取利息や支払利息については、実際の収入・支出が別途表示されるため、損益計算での計上額が調整される。

1. 非資金損益の調整について理解しよう

　非資金損益とは、減価償却費、のれん償却費、減損損失や引当金の増減額など、**資金の収支をともなわない収益・費用**をいいます。

　非資金費用がある場合には、非資金費用を税金等調整前当期純利益に加算することで、資金の収支を導くことができます。非資金利益については、逆に、減算する調整を行います。

図表 7-6　非資金損益の調整

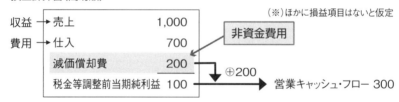

2. 営業活動に関連しない損益の調整を理解しよう

①営業活動に関連しない資産の売却損益等の調整

　投資有価証券や有形固定資産の売却損益が計上されている場合にも、調整が行われます。

　たとえば、当期に投資有価証券の売却があり、損益計算書に投資有価証券売却損が計上されている場合を考えます（**図表 7-7**）。

　有価証券の売却による収入（400）は、別途、投資活動によるキャッ

シュ・フローの区分に総額で表示されます。売却損（200）が計上されている分だけ、税金等調整前当期純利益はキャッシュの収支より少なくなっています。そこで、税金等調整前当期純利益（100）に売却損（200）を加算する調整を行うことにより、営業活動によるキャッシュ・フロー（300）を導きます。

なお、売却益の場合は、逆に、減算する調整を行います。

図表7-7 売却損益等の調整

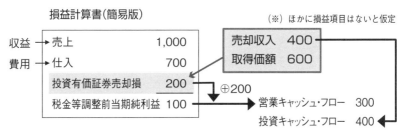

②利息の調整

受取利息や支払利息についても、調整が必要です。

支払利息を例にして考えます。損益計算書の支払利息は、支出の有無とは別に、期間の経過に応じて計上されています。そこで、間接法では、損益計算書の支払利息の金額を、税金等調整前当期純利益に加算します。実際の利払額については、別途、利息の支払額としてキャッシュ・フロー計算書に表示します。

図表7-8 支払利息の調整

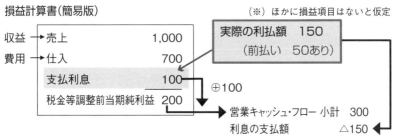

第7章　キャッシュ・フロー計算書の理解

6 間接法表示による調整内容 ②

> **Point**
>
> ● 営業活動にかかる資産・負債の増減は、その純額を税金等調整前当
> 　期純利益に調整することで営業キャッシュ・フローが導かれる。
> ● 資産の増加は、資金を減少させる。負債の増加は、資金を増加させる。

1. 営業活動にかかる資産・負債の増減額の調整を理解しよう

①資産・負債の増減とキャッシュ・フロー

　資産・負債の増減には、資金の出入りをともないます。投資活動
や財務活動にかかる資産・負債の増減は、投資活動によるキャッ
シュ・フローや財務活動によるキャッシュ・フローの区分で、収入
と支出が総額で表示されているので、キャッシュ・フローに反映さ
れています。

　営業活動にかかる資産・負債の増減については、収入と支出を両
建てでは表示せず、それぞれの増減の**純額**を税金等調整前当期純利
益に加算・減算することで、営業活動によるキャッシュ・フローに
反映させます。

②資産・負債の増減の調整の例

　次ページの**図表7-9**は、売掛金が増加した場合の例です。売上は
1,000でしたが、売掛金は期首に比べて200増加したとします。こ
の場合、当期の売上入金は1,000 − 200 = 800です。未回収分（売
掛金）が増えた分（200）だけ、実際の回収（800）は売上（1,000）
よりも少なくなっています。営業活動によるキャッシュ・フローを
求めるためには、売掛金の増加額を税金等調整前当期純利益から減
算する調整が必要であることがわかります。

図表 7-9　営業活動にかかる資産および負債の増減の調整

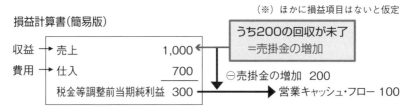

③資産・負債の増減と資金の増減の関係

主な資産・負債の増減と資金の増減の関係は、**図表 7-10** のとおりです。

図表 7-10　資産・負債の増減と資金の増減の関係

（増加）	（イメージ）	（資金への影響）
売上債権の増加	→ 未回収分の発生	→ 資金の減少
棚卸資産の増加	→ 在庫の増加	→ 資金の減少
仕入債務の増加	→ 支払いの保留	→ 資金の増加

（減少）	（イメージ）	（資金への影響）
売上債権の減少	→ 回収の促進	→ 資金の増加
棚卸資産の減少	→ 販売の促進	→ 資金の増加
仕入債務の減少	→ 支払いの実行	→ 資金の減少

◎**資産・負債の増減……資金の増減との関係**

負債は資金の調達源泉を表し、資産は資金の運用形態を表します。
　資産の増加 ＝ 運用の増加 ＝ 資金の減少
　負債の増加 ＝ 調達の増加 ＝ 資金の増加
と考えると、イメージしやすいでしょう。

第7章　キャッシュ・フロー計算書の理解

7 投資活動によるキャッシュ・フロー、財務活動によるキャッシュ・フロー

Point

- 投資活動キャッシュ・フローは、主に資金の運用（設備投資、証券投資、貸付）と、回収に関する資金の収支が区分して表示される。
- 財務活動キャッシュ・フローは、主に資金の調達（借入、株式・社債の発行）と、返済に関する資金の収支が区分して表示される。
- 利息（受取り・支払い）、配当（受取り）の表示には、2つの方法がある。

1．投資活動によるキャッシュ・フローの内容を理解しよう

　投資活動によるキャッシュ・フローの区分に含まれる主な項目は、次のとおりです。項目を相殺せず、総額で表示します。

（1）設備投資に関するもの

　・有形固定資産の取得による支出

　・有形固定資産の売却による収入

（2）証券投資に関するもの

　・有価証券の取得による支出　　・投資有価証券の取得による支出

　・有価証券の売却による収入　　・投資有価証券の売却による収入

（3）貸付に関するもの

　・貸付による支出　　　　　　　・貸付金の回収による収入

2．財務活動によるキャッシュ・フローの内容を理解しよう

　財務活動によるキャッシュ・フローの区分に含まれる主な項目は、次のとおりです。借入や株式・社債の発行による資金の調達、借入や社債の返済（償還）にかかるものが記載されます。

（1）借入に関するもの

　・短期借入による収入　　　　　・短期借入金の返済による支出

　・長期借入による収入　　　　　・長期借入金の返済による支出

（2）株式に関するもの

　　・株式の発行による収入　　　・自己株式の取得による支出

　　・配当金の支払額

（3）社債に関するもの

　　・社債の発行による収入　　　・社債の償還による支出

3．利息・配当に関する収入・支出の表示方法を理解しよう

　利息・配当に関する収入と支出については、**図表 7-11** のように、2つの方法が認められています。

図表 7-11　利息と配当の表示方法

	収入	支出
利息	A	C
配当	B	財務活動による キャッシュ・フロー として表示

> どのキャッシュ・フロー区分に表示するかについて、2つの方法がある。

第1法	A～Cすべてを営業活動によるキャッシュ・フローの小計欄の下に表示する。
第2法	利息と配当の収入（A，B）は投資活動によるキャッシュ・フロー、利息の支払い（C）は財務活動によるキャッシュ・フローとして記載する。

◎**利息の表示 … 損益計算書ベースの「支払利息」「受取利息」と
　　　　　　　　キャッシュベースの「利息の支払額」「利息の受取額」**

　損益計算書に計上されている支払利息や受取利息の金額は、税金等調整前当期純利益からキャッシュの収支を導くために調整されます。このため、図表 7-11 の第1法・第2法いずれかにかかわらず、営業活動によるキャッシュ・フローの区分においては「支払利息」「受取利息」という表示項目で、小計欄より上の部分に表示されます。

　これに対して、キャッシュベースの実際の利息の支払額や受取額は、第1法・第2法それぞれに従った区分において、「利息の支払額」「利息の受取額」という表示項目で表示されます。

115

第7章　キャッシュ・フロー計算書の理解

8 キャッシュ・フロー計算書の見方

Point

- ●営業活動キャッシュ・フローは、過去の投資の成果の実現度を示す。
- ●投資活動キャッシュ・フローは、将来へ向けた投資の内容を示す。
- ●財務活動キャッシュ・フローは、資金の調達・返済を示す。
- ●3つのキャッシュ・フローの循環に着目することで、企業活動全体の資金の動きが理解できる。

1. 3つの区分のキャッシュ・フローが示す意味を知ろう

　営業・投資・財務の各活動によるキャッシュ・フローは、それぞれどのような意味をもっているか、以下に見てみましょう。

①営業活動によるキャッシュ・フロー

　営業活動によるキャッシュ・フローは、本業によるキャッシュ・フローです。したがって、**企業のこれまでの投資がどれだけ成果として実ったか**を示しているといえます。

②投資活動によるキャッシュ・フロー

　投資活動によるキャッシュ・フローは、将来、より多くの利益や資金を得るために、企業が**何にどれだけ資金を投入しているか**をみることができます。

③財務活動によるキャッシュ・フロー

　財務活動によるキャッシュ・フローは、資金の調達と返済の状況を示します。**営業活動や投資活動に必要な資金をどのようにして調達しているか**、あるいは、**余剰資金をどれだけ返済にあてているか**がわかります。

116

2. 3つのキャッシュ・フローの循環に着目しよう

　営業・投資・財務の各キャッシュ・フローは、それぞれを単独で見るのではなく、循環に注目することも大切です。

　図表 7-12 は、3つの会社のキャッシュ・フロー計算書の要約から、各社の状況を把握したものです。

図表 7-12　3つのキャッシュ・フローの循環

	A社	B社	C社
営業活動による キャッシュ・フロー	1,000	800	△1,000
投資活動による キャッシュ・フロー	△800	△1,200	800
財務活動による キャッシュ・フロー	△200	400	200

A社	本業で得られたキャッシュを投資にあて、さらに借入金の返済に充当している。
B社	積極的に設備投資を行うため、本業で得られたキャッシュで不足する部分を借入等でまかなっている。
C社	本業によりキャッシュが流出しており、補うために資産の処分を行い、さらに不足する分を借入等によりまかなっている。

　3つのキャッシュ・フローの循環を見ることで、企業の活動をキャッシュ・フローの面から全体的につかむことができます。

理解度チェックと解答・解説
理解度チェック

次の記述のうち、適切と思われるものは○に、不適切と思われる
ものは×に、それぞれ丸を付けなさい。

1. キャッシュ・フロー計算書では、1年間のキャッシュ・フローが営業活動、投資活動、および財務活動に区分して表示される。

(O ×)

2. 収益と費用のフローとキャッシュ・フローは、同じフローでも一会計期間でみた場合には一致しないが、損益計算書の当期純利益が大幅な黒字であれば、キャッシュ・フローは必ずプラスになる。

(O ×)

3. キャッシュ・フロー計算書でいう現金とは、手元現金に加えて当座預金、普通預金、通知預金、定期預金などの要求払預金を指す。

(O ×)

4. 現金同等物とは、容易に換金可能であり、かつ価値の変動についてリスクが非常に小さい短期投資を指す。 (O ×)

5. 市場性のある株式の取得などは、それが短期間の運用であれば換金が容易であるため現金同等物に含まれる。 (O ×)

6. 当座借越の利用は、当座借越の残高が貸借対照表上は借入金に含まれている場合でも、負の現金同等物とみなす。 (O ×)

7. 取得日から満期日までの期間が1か月の定期預金の取得支出は、投資活動によるキャッシュ・フローの区分に含まれる。 (O ×)

8. 損益計算書に当期純利益が計上されていれば、営業活動によるキャッシュ・フローは必ずプラスになる。 (O ×)

9. 投資活動によるキャッシュ・フローがプラスであれば、財務活動によるキャッシュ・フローは必ずマイナスになる。 (O ×)

10. 投資活動によるキャッシュ・フローの区分に表示される情報によって、将来の利益やキャッシュ・フローを得るためにどの程度の投資を行ったのかを知ることができる。 　　　　　　　　　(O ×)

11. 企業経営に必要な資金をどのように調達したのか、また余剰資金を利用してどのように資金を返済したのかは、投資活動によるキャッシュ・フローの区分から知ることができる。 　　(O ×)

12. 有形固定資産売却益は、投資活動によるキャッシュ・フローの区分に表示される。 　　　　　　　　　　　　　　　　　　(O ×)

13. 投資活動によるキャッシュ・フローの区分では、固定資産や株式などの購入や売却による支出や収入、配当金の支払いによる支出が表示される。 　　　　　　　　　　　　　　　　　　　　(O ×)

14. 非支配株主への配当金の支払額は、財務活動によるキャッシュ・フローの区分に含まれる。 　　　　　　　　　　　　　　　(O ×)

15. 自己株式の取得による支出は、財務活動によるキャッシュ・フローの区分に含まれる。 　　　　　　　　　　　　　　　　(O ×)

16. 連結財務諸表を作成する企業は、会社別の個別キャッシュ・フロー計算書を作成してから連結キャッシュ・フロー計算書を作成することになっている。 　　　　　　　　　　　　　　　(O ×)

17. 営業活動によるキャッシュ・フローの区分の表示方法には直接法と間接法の2つがあるが、実務では直接法を採用している企業がほとんどである。 　　　　　　　　　　　　　　　　　(O ×)

18. 連結キャッシュ・フロー計算書の営業活動によるキャッシュ・フローの表示方法として間接法を採用した場合、減価償却費は税金等調整前当期純利益に加算して表示される。 　　　　　　(O ×)

19. 間接法による営業活動によるキャッシュ・フローの計算では、売掛金の増加は、キャッシュ・フローを増加させる項目である。
　　　　　　　　　　　　　　　　　　　　　　　　(O ×)

119

解答・解説

番号	解答	解　　説
1	O	キャッシュ・フロー計算書の構成については、大項目の名称・順序を確実に理解しておきましょう。
2	×	損益計算書でどれだけ大きな利益が出ていたとしても、キャッシュ・フローがプラスであるとはかぎりません。
3	×	当座預金、普通預金、通知預金は要求払預金ですが、定期預金は、期限の定めがあるため、要求払預金に該当しません。要求払預金とは、事前の通知を必要としない、または、数日前に通知をすることによって、元本が引き出せる預金です。期限の定めはありません。なお、定期預金のうち、預入期間が3か月以内のものなど一定のものは、キャッシュの範囲に含まれます。ただし、現金（手元現金＋要求払預金）ではなく、現金同等物としてキャッシュの範囲に含まれます。
4	O	現金同等物の定義です。空欄補充の問題でも対応できるようにしておきましょう。
5	×	市場性のある株式は、価値の変動についてリスクが小さいとはいえないため、現金同等物には該当しません。
6	O	当座借越は、当座預金による支払決済機能を補う性質のものであると考えられるため、負の現金同等物として、キャッシュの範囲に含まれます。
7	×	一般に、預入期間1か月の定期預金は、現金同等物としてキャッシュの範囲に含まれます。このような定期預金への預入れは、キャッシュのなかでの移動に過ぎません。このため、キャッシュ・フロー計算書では、特に表示されません。なお、期間1年の定期預金への預入れは、投資活動によるキャッシュ・フローの区分に「定期預金の預入れによる支出」などとして表示されます。
8	×	当期純利益がプラスだからといって、営業活動によるキャッシュ・フローがプラスであるとはかぎりません。

120

番号	解答	解　　説
9	×	3つの区分のキャッシュ・フローは、それぞれが独立しています。ある区分のプラス・マイナスが、他の区分のプラス・マイナスを決定するということはありません。
10	○	キャッシュ・フロー計算書を見る場合には、過去の投資がいまどれだけ成果をもたらしているか、いま行った投資が今後どう結実するのかといったように、経緯との関係で評価するという視点があります。
11	×	資金の調達や返済の状況は、財務活動によるキャッシュ・フローの区分の表示によりみることができます。
12	×	有形固定資産売却益は、損益項目であり、収支ではありません。投資活動によるキャッシュ・フローの区分に表示されるのは、有形固定資産の売却による収入です。なお、営業活動によるキャッシュ・フローを間接法により表示する場合には、資産の売却益は、連結キャッシュ・フロー計算書では税金等調整前当期純利益に対する調整項目として減算されます。この場合、有形固定資産売却益は、営業活動によるキャッシュ・フローの区分に表示されます。
13	×	配当金の支払額は、財務活動によるキャッシュ・フローとして表示します。なお、利息の受取り・支払い、配当金の受取りに関するキャッシュ・フローの表示区分については2つの方法がありますが、配当金の支払いについては、必ず財務活動によるキャッシュ・フローの区分に表示されます。
14	○	子会社で支払われた配当についても、財務活動によるキャッシュ・フローとして表示します。
15	○	自己株式の取得による支出は、有価証券投資ではなく、資本の払戻しと考え、財務活動によるキャッシュ・フローとして表示されます。

解答・解説

番号	解答	解　説
16	×	連結キャッシュ・フロー計算書の作成方法には、原則法と簡便法の2つの方法があり、いずれも採用が認められています。 **原則法**：会社別のキャッシュ・フロー計算書を作成し、単純合算・連結調整などにより連結キャッシュ・フロー計算書を作成する方法 **簡便法**：連結貸借対照表と連結損益計算書から連結キャッシュ・フロー計算書を導く方法 実務では、簡便法が圧倒的に多く採用されています。
17	×	営業活動によるキャッシュ・フローの表示方法について、実務では、間接法が採用されていることがほとんどです。
18	○	減価償却費は非資金費用です。減価償却費が計上されている分だけ、資金の収支に比べて利益は小さくなっています。そこで、減価償却の金額を利益に加算して調整します。
19	×	売掛金の増加は、キャッシュ・フローを減少させる項目です。「売掛金が増加している→それだけ資金化（回収）が遅れている→キャッシュ・フローの減少」とイメージするとよいでしょう。

第8章

附属明細表と
注記の理解

第8章　附属明細表と注記の理解

1 附属明細表と注記の内容

Point

- 附属明細表は、貸借対照表、損益計算書などに記載されている重要項目を補足するための明細表である。
- 附属明細表の種類には6つがあり、連結財務諸表を作成する会社では、個別財務諸表の附属明細表について一部省略することができる。
- 注記は、財務諸表の作成の前提や貸借対照表、損益計算書など個々の計算書に記載されている項目等について説明したものである。

1．附属明細表の意義を理解しよう

　附属明細表は、他の財務諸表に記載されている重要項目について、期中の増減や期末残高の明細を表示した書類です。会社計算規則（会社法の計算書類の枠組み）では附属明細書と呼ばれています。

　附属明細表には、①有価証券明細表、②有形固定資産等明細表、③引当金等明細表、④社債明細表、⑤借入金等明細表、⑥資産除去債務明細表の6つがあります。連結財務諸表では④〜⑥が作成され、個別財務諸表では①〜③が作成されます。連結財務諸表を作成しない会社では、個別財務諸表について①〜⑥が作成されます。

2．注記の意義を理解しよう

　注記は、連結財務諸表・個別財務諸表それぞれについて、その作成の前提や内容・内訳などを説明するものです。注記されるものは多岐にわたりますが、次のようなものがあります。

- ・連結財務諸表作成のための基本となる重要な事項
- ・重要な会計方針　　・会計方針の変更
- ・表示方法の変更　　・会計上の見積りの変更
- ・修正再表示　　　　・重要な後発事象
- ・継続企業の前提　　・セグメント情報

124

2 注記の方法と種類

Point

- 注記の方法には、併記、脚注、一括表示などの方法がある。
- 注記の内容には、財務諸表全体にかかわる注記事項のほか、セグメント情報にかかわる注記などがある。

1．注記の方法について理解しよう

　注記の方法には、対象となる項目に併記する方法、それぞれの計算書の最後に記載する方法、キャッシュ・フロー計算書の後にすべての注記を一括して記載する方法があります。ただし、特定の項目または金額に関する注記については、関連が明らかになるよう記載する必要があります。

2．注記の種類について理解しよう

①連結財務諸表作成のための基本となる重要な事項

　連結の範囲、持分法の適用、会計処理基準などがあります。

②重要な会計方針

　有価証券・棚卸資産の評価基準と評価方法、固定資産の減価償却方法、繰延資産の処理方法、外貨建て資産・負債の換算基準、引当金の計上基準、収益・費用の計上基準、キャッシュ・フロー計算書の資金の範囲などがあります。

③会計方針の変更

　会計方針を変更した場合、新しい会計方針を**前年度以前の財務諸表に 遡 って反映し、変更の内容・理由、前年度の金額への影響額**などが注記されます。

④表示方法の変更

表示方法を変更した場合も、**前年度以前に遡って財務諸表の組替え**を行います。組替えの内容・理由、前年度の金額への影響などが注記されます。

⑤会計上の見積りの変更

たとえば、有形固定資産の減価償却における耐用年数など、会計処理にあたってはさまざまな見積りを前提としています。会計上の見積りの変更を行った場合には、**前年度以前に遡らずその期から将来に向かって変更**し、変更の内容・影響額などが注記されます。

⑥修正再表示

前年度以前の財務諸表に誤り（誤謬）があった場合、**前年度以前に遡って修正**します。これを修正再表示といいます。誤りの内容、前年度への影響額などが注記されます。

⑦重要な後発事象

決算日の翌日から財務諸表提出日までに発生した重要な事柄を後発事象といいます。

このうち、翌年度以降の財務諸表に重要な影響を及ぼすものについて注記されます。事業の譲受や災害の発生などがこれにあたり、**開示後発事象**といわれます。なお、後発事象のうち、当年度の財務諸表に影響するものはすでに当年度の金額に反映されているため、特に注記はされません。得意先の倒産による売掛金の貸倒れなどがこれにあたり、**修正後発事象**といわれます。

⑧継続企業の前提

財務諸表は、企業が将来にわたって存続することを前提として作成されます（継続企業の前提）。その前提に不確実性がある場合には、状況と内容、対応策、財務諸表への反映の有無などが注記されます。

⑨セグメント情報

　セグメントとは、1つのものを分割した一部分のことをいいます。財務諸表では、事業別・地域別の情報が注記されます。

　具体的には、連結財務諸表の売上・利益・資産・負債などの金額について、事業別・地域別の内訳が開示されます。その合計額は、原則として連結貸借対照表および連結損益計算書の金額と一致します。セグメント情報については、経営者が実際に意思決定や業績評価に用いている単位での情報を開示する方法（**マネジメント・アプローチ**）が取られています。

理解度チェックと解答・解説
理解度チェック

次の記述のうち、適切と思われるものは○に、不適切と思われる
ものは×に、それぞれ丸を付けなさい。

1. 附属明細表は、財務諸表に記載されている項目のうち重要な項目
について明細を補足する書類である。 (○ ×)

2. 有価証券明細表は、連結財務諸表で作成している場合には、個別財
務諸表では作成する必要がない。 (○ ×)

3. 借入金等明細表は、連結財務諸表で作成している場合には、個別財
務諸表では作成する必要がない。 (○ ×)

4. 財務諸表の作成にあたって採用した表示方法を変更し、前年度以
前に遡って表示を修正することを修正再表示という。 (○ ×)

5. 資産・負債・収益・費用などの金額に不確実性がある場合の注記は、
継続企業の前提として記載する。 (○ ×)

6. 決算日の翌日から財務諸表作成日までに発生し、企業の財務状態
や経営成績などに影響を及ぼす事象を後発事象という。(○ ×)

7. 事業別・地域別の情報を開示するための注記は、会計上の見積りと
して記載する。 (○ ×)

8. セグメント情報の注記ではマネジメント・アプローチが採用され
ているため、セグメント別売上高の合計は、連結損益計算書の連結
売上高とは一致しない。 (○ ×)

解答・解説

番号	解答	解　　説
1	**O**	附属明細表は、財務諸表に記載されている重要項目について、期中の増減や期末残高の明細を表示した書類です。
2	**×**	有価証券明細表は、<u>個別の財務諸表</u>で作成します。
3	**O**	借入金等明細表、社債明細表、資産除去債務明細表は、連結財務諸表で作成します。
4	**×**	修正再表示は、<u>前年度以前の財務諸表に誤りがあった場合、前年度以前に遡って修正する</u>ことです。なお、財務諸表の作成にあたって採用した表示方法を変更し、前年度以前に遡って表示を修正する場合には、<u>財務諸表の組替え</u>を行います。
5	**×**	資産・負債・収益・費用などの金額に不確実性がある場合の注記は、<u>会計上の見積りの変更</u>として記載します。
6	**O**	発生した内容により、開示後事象と修正後発事象に分類されます。
7	**×**	事業別・地域別の情報を開示するための注記は、<u>セグメント情報</u>として記載します。
8	**×**	セグメントの仕方は企業ごとに異なりますが、開示される合計金額は連結貸借対照表・連結損益計算書と<u>原則として一致する</u>よう内訳が示されます。

第9章

財務諸表分析の
理解

第 9 章　財務諸表分析の理解

1 基本分析

Point

- 百分比財務諸表分析は、財務諸表を分析するさいのもっとも基本的な手法である。財務諸表の各項目について、全体に占める割合をパーセントで示した比率を用いて分析を行う。
- 時系列分析には、対前年度比率、伸び率、対基準年度比率の３つの分析手法がある。

1. 百分比財務諸表分析を理解しよう

　百分比財務諸表分析は、貸借対照表や損益計算書の各項目について、全体に占める割合を百分比（パーセント）で示すことにより、分析を行うものです。算出された比率について、時系列で比較したり、他社と比較したりすることで分析を行います。

① 貸借対照表の構成比率

　貸借対照表の各項目について、構成割合を百分比で示したものが、貸借対照表構成比率です。また、パーセント表示された貸借対照表を、百分比貸借対照表ということもあります。

　各項目の構成比率は、以下のように算出されます。

$$貸借対照表構成比率 = \frac{貸借対照表の各項目の金額}{資産合計（または負債・純資産合計）} \times 100 (\%)$$

② 損益計算書の構成比率

　損益計算書の各項目について、売上高に占める割合を百分比で示したものが損益計算書百分比です。また、パーセント表示された損益計算書を、百分比損益計算書ということもあります。

　各項目の比率は、以下のように算出されます。

$$損益計算書百分比 = \frac{損益計算書の各項目の金額}{売上高} \times 100 (\%)$$

2．時系列分析の考え方を理解しよう

時系列分析とは、財務諸表の項目の伸びや推移を、分析によりつかむものです。このため、趨勢分析や伸び率の分析ともいわれます。時系列分析である対前年度比率、伸び率、対基準年度比率は、企業の成長性の基本的な分析指標となります。

① 対前年度比率

分析の対象となる年度の数値について、前年度の数値に対する比率を表したものを対前年度比率といいます。前年度の数値を100％として算出します。

$$対前年度比率 = \frac{分析対象項目の対象年度の数値}{対象項目の前年度の数値} \times 100(\%)$$

② 伸び率

分析の対象となる年度の数値について、前年度の数値に対する前年からの増減額の比率を表したものを伸び率といいます。前年度の数値を100％として算出します。

$$伸び率 = \frac{分析対象項目の数値の前年度からの増減値（当年度－前年度）}{対象項目の前年度の数値} \times 100(\%)$$

③ 対基準年度比率

分析の対象となる年度の数値について、特定の年度の数値を基準（100％）とした比率を表したものが、対基準年度比率です。対基準年度比率は、複数年度の推移を把握しやすい指標です。

$$対基準年度比率 = \frac{分析対象項目の対象年度の数値}{対象項目の基準年度の数値} \times 100(\%)$$

第9章 財務諸表分析の理解

2 安全性分析① 短期の安全性分析

Point

- 安全性分析は、企業の支払能力や財務健全性を評価し、短期の安全性分析では、主に債務に対する支払手段のバランスに着目する。
- 長期の安全性分析では、資金の運用と調達のバランスのほか、調達源泉のバランスが健全であるかにも着目する。

1. 安全性分析の考え方を理解しよう

安全性分析とは、企業の**債務返済能力**や**財務的安定性**を判断するものです。分析の体系と主な指標は、**図表9-1**のとおりです。

図表9-1 安全性分析の全体像

短期の安全性分析	長期の安全性分析
・短期的な支払能力を評価する。 ・主に流動資産・流動負債のバランスをみる。 〈主な指標〉 　・流動比率 　・当座比率 　・手元流動性比率 　・正味運転資本 　・ネットキャッシュ	・長期的な財務健全性を評価する。 ・長期での資金調達・資金運用のバランスをみる。 ・資金の調達源泉（負債と純資産）の組み合わせのバランスをみる。 〈主な指標〉 　・固定比率　　　・固定長期適合率 　・負債比率　　　・自己資本比率 　・インタレスト・カバレッジ・レシオ

2. 短期の安全性分析の指標を理解しよう

① 流動比率

流動比率は、**流動資産と流動負債のバランス**をみる指標です。式からもわかるように、比率が高いほど、負債の返済にあてるための手段に余裕があり、支払能力が高いことを意味します。

$$流動比率 = \frac{流動資産}{流動負債} \times 100（\%）$$

② 当座比率

　流動資産のなかには、棚卸資産などのように必ずしも換金性が高くないものも含まれます。当座比率は、**換金可能性の高い資産（当座資産）**のみを支払手段であるとみて計算します。

$$当座比率 = \frac{当座資産}{流動負債} \times 100（\%）$$

$$当座資産 = 流動資産 － 棚卸資産 － その他の流動資産$$

　当座資産の範囲には、さまざまな考え方があります。検定試験では、とくに設問の指示がなければ、上記のとおりと考えてよいでしょう。

③ 手元流動性（手元資金）、手元流動性比率

　手元流動性は、**即時に資金化できる短期の支払手段**を意味します。手元流動性比率は、売上の何か月分の支払資金が手元にあるかを示します。数値が大きいほど、支払能力があることを意味します。

$$手元流動性比率 = \frac{手元流動性}{年売上高 \div 12}（月）$$

$$手元流動性 = 現金預金 ＋ 流動資産の有価証券$$

④ 正味運転資本（正味運転資金）

　値が大きいほど、支払能力が高いことを意味します。

$$正味運転資本 = 流動資産 － 流動負債$$

⑤ ネットキャッシュ

　有利子負債（長期借入金・短期借入金・リース債務・社債）を加味した余裕資金です。プラスであれば、**実質無借金経営**であることを意味します。

$$ネットキャッシュ = 手元流動性 － 有利子負債$$

$$有利子負債 = 長期借入金 ＋ 短期借入金 ＋ リース債務 ＋ 社債$$

第9章　財務諸表分析の理解

3 安全性分析②　長期の安全性分析

Point

- 固定比率と固定長期適合率は、固定資産に運用されている資金が、どれだけ安定的な調達によりカバーされているかに着目する指標である。
- 負債比率、自己資本比率は、資金調達の源泉の組み合わせ（自己資本・他人資本）のバランスに着目する指標である。

1．長期の安全性分析の指標を理解しよう

① 固定比率

　固定比率は、**長期資金の運用と調達のバランス**をみる指標の１つです。純資産は、返済義務のない調達資金です。安全性の面からは、回収に長期を要する固定資産への運用が、純資産の範囲でカバーされていることが理想です。したがって、固定比率の指標は、数値が低いほど、長期の安全性が良好であることを示します。

$$固定比率 = \frac{固定資産}{純資産} \times 100（\%）$$

② 固定長期適合率

　固定長期適合率は、長期資金の運用と調達のバランスをみるさいに、調達源泉（分母）として、**純資産のほかに固定負債を含めて判断**する指標です。固定比率と同様、数値が低いほど長期の安全性は良好です。指標が100％を超えている場合には、固定資産への投資に、短期的に返済の必要な資金が充当されていることを意味しており、望ましい状態ではありません。

$$固定長期適合率 = \frac{固定資産}{固定負債 + 純資産} \times 100（\%）$$

③ 負債比率

負債比率は、**資金の調達源泉の構成のバランス**から、財務の健全性をみる指標です。純資産は、返済義務がないことから、**自己資本**といわれます。これに対して、負債は他人から調達した資金であることから、**他人資本**といわれます。負債はいずれ返済が必要な資金です。数値が低いほど、返済の必要な資金が少ないことを意味するため、長期の安全性は良好であるといえます。

$$負債比率 = \frac{負債}{純資産} \times 100(\%)$$

④ 自己資本比率

自己資本比率は、**負債・純資産合計（＝総資本）に占める自己資本**の比率です。比率が高いほど、安全性は良好です。

$$自己資本比率 = \frac{自己資本（＝純資産）}{負債・純資産合計（＝総資本）} \times 100(\%)$$

⑤ インタレスト・カバレッジ・レシオ

借入金等の利息を支払う能力を測るための指標です。比率が高いほど支払能力があると判断されます。

$$インタレスト・カバレッジ・レシオ = \frac{事業利益（P.139 参照）}{支払利息＋社債利息}(倍)$$

📝 検定対策

- ▶ 自己資本という場合には、「自己資本＝純資産」という考え方のほかに、「自己資本は純資産の一部の項目のみから成る」という考え方があります。

- ▶ 検定試験2級では、設問に「純資産を自己資本とみなす」という指示があるので、「自己資本＝純資産」として解答してよいでしょう。なお、本書でも「自己資本＝純資産」として解説しています。

137

第9章　財務諸表分析の理解

4 収益性分析① 資本利益率

Point

- 収益性分析は、投下資本に対する利益の効率性に着目する。
- 分母（投下資本）と分子（利益）には、さまざまな概念の数値を置いて分析される。
- 事業利益は、総資本に対応したリターンを評価するための利益概念である。
- 経営資本は、営業利益を基準にして投下資本の効率性を判断するための資本概念である。

1. 収益性分析の考え方を理解しよう

　収益性分析は、企業が利益を獲得する能力をみるものです。投下資本（事業に投入している資金）に対して、どれだけの利益があったかという評価が中心となります。

　投下資本に対する利益の割合を、**資本利益率**といいます。

$$資本利益率 = \frac{利益}{投下資本} \times 100(\%)$$

値が高いほど、資本が効率的に運用されていることを意味します。

2. 資本利益率の具体的指標について理解しよう

　具体的な分析では、上記の式の分母・分子に、さまざまな資本（総資本、自己資本など）や利益（経常利益や当期純利益など）が当てはめられます。

① **総資本利益率**

　総資本利益率（**ROI**：Return on Investment）は、総資本を分母とする資本利益率です。総資産利益率（**ROA**：Return on Assets）ともいわれます。分子に当てはめる利益によって、次のようにさまざまな指標を得ることができます。

$$営業利益 ÷ 総資本 × 100 = 総資本営業利益率（\%）$$
$$経常利益 ÷ 総資本 × 100 = 総資本経常利益率（\%）$$
$$税金等調整前当期純利益 ÷ 総資本 × 100 = 総資本税引前当期純利益率（\%）$$
$$事業利益 ÷ 総資本 × 100 = 総資本事業利益率（\%）$$

　なお、**事業利益**とは、営業利益に経常的な金融収益を加えたものです。総資産に対するリターンを評価するのであれば、営業利益よりも事業利益のほうが適当だという考え方ができます。

$$事業利益＝営業利益＋受取利息＋有価証券利息＋受取配当金＋$$
$$持分法による投資利益$$

② 経営資本営業利益率

　経営資本は、総資本のうち経営に直接利用されていないものを除いたものをいいます。営業利益を分子とするのであれば、それに対応する分母を適切な数値にして資本利益率を算定しようとするものです。ここでは、簡便に経営資本を算出する算式を紹介します。

$$経営資本営業利益率 = \frac{営業利益}{経営資本} × 100（\%）$$

$$経営資本 = \frac{総資本}{（＝総資産）} - \binom{投資その他の資産 ＋}{建設仮勘定 ＋ 繰延資産}$$

③ 自己資本当期純利益率

　自己資本当期純利益率（**ROE**：Return on Eqity）は、自己資本に対してどれだけの利益があったかを評価するものです。株主（出資者）の立場からみた指標であるため、一般的に、分子には**親会社株主に帰属する当期純利益**を用いて投資効率を判断します。

$$\frac{自己資本当期純利益率}{（ROE）} = \frac{親会社株主に帰属する当期純利益}{自己資本（＝純資産）} × 100（\%）$$

第9章 財務諸表分析の理解

5 収益性分析② 売上高利益率と資本回転率

Point

- 資本利益率は、売上高利益率と資本回転率に分解できる。
- 投下資本に対する収益性は、利幅と資金の回転の速さの2つの要素に影響を受ける。
- 資本回転率と資本回転期間は、資金の回転の速さをみる指標である。
- 総資本全体としての回転の速さをみるほか、構成要素（売上債権や棚卸資産など）に細分化して、回転率・回転期間を分析できる。

1. 資本利益率の構成要素を理解しよう

資本利益率は、**売上高利益率**と**資本回転率**の掛け算に分解することができます。

$$\text{資本利益率} = \underbrace{\frac{\text{利益}}{\text{売上高}} \times 100}_{\text{売上高利益率（\%）}} \times \underbrace{\frac{\text{売上高}}{\text{投下資本}}}_{\text{資本回転率（回）}} \text{（\%）}$$

売上高利益率は、売上高に対する利益の割合を示します。また、資本回転率は、投下資本に対して売上高が何倍あったかを示します。つまり、利幅が大きく、回収までの期間が短くて効率的に資本を活用できるほど、資本利益率の指標が良好になることがわかります。

2. 売上高利益率の具体的指標を理解しよう

売上高利益率は、分子に当てはめる利益により、次のようにさまざまな指標を得ることができます。

売上総利益 ÷ 売上高 × 100 ＝ 売上高売上総利益率（％）

営業利益 ÷ 売上高 × 100 ＝ 売上高営業利益率（％）

経常利益 ÷ 売上高 × 100 ＝ 売上高経常利益率（％）

当期純利益 ÷ 売上高 × 100 ＝ 売上高当期純利益率（％）

3．資本回転率の具体的指標を理解しよう

① 総資本回転率

総資本回転率は、総資本に対して何倍の売上があったかを示します。投下資本が一定であるならば、売上高が大きいほど、資本が有効に活用されていることになります。したがって、値が大きいほど、資本が効率的に使われていることを表します。

$$\text{総資本回転率} = \frac{\text{売上高}}{\text{総資本（＝総資産）}} \text{（回）}$$

② 売上債権回転率・棚卸資産回転率・仕入債務回転率

企業は、売上債権（受取手形と売掛金と電子記録債権の合計）や在庫（棚卸資産）などさまざまな資産に資金を投下しています。資本回転率の計算式の分母（投下資本）に売上債権や棚卸資産、仕入債務（支払手形と買掛金と電子記録債務の合計）などを当てはめることで、それぞれの運用・調達の効率をみることができます。

$$\text{売上債権回転率} = \frac{\text{売上高}}{\text{売上債権}} \text{（回）}$$

$$\text{棚卸資産回転率} = \frac{\text{売上高}}{\text{棚卸資産}} \text{（回）}$$

$$\text{仕入債務回転率} = \frac{\text{売上高}}{\text{仕入債務}} \text{（回）}$$

4．資本回転期間の具体的指標を理解しよう

資本回転期間は、資本回転率の逆数で求められます。売上高の何年分の資本を投下しているかを示します。したがって、数値が小さいほど、資本効率は有効であることを意味します。

分母の売上高には、1年当たりの売上高を用いる場合のほか、1月当たり売上高、1日当たり売上高を用いることもあります。

第9章　財務諸表分析の理解

$$資本回転期間 = \frac{投下資本}{売上高}（年） = \frac{投下資本}{売上高 \div 12}（月）$$

1日当たり売上高を用いた場合の計算式は、次のとおりです。

$$総資本回転期間 = \frac{総資本（＝総資産）}{売上高 \div 365}（日）$$

$$売上債権回転期間 = \frac{売上債権}{売上高 \div 365}（日）$$

$$棚卸資産回転期間 = \frac{棚卸資産}{売上高 \div 365}（日）$$

$$仕入債務回転期間 = \frac{仕入債務}{売上高 \div 365}（日）$$

「売上高○日分の売上債権がある」というように、資本効率を直感的に理解しやすい指標といえます。

5．キャッシュ・コンバージョン・サイクルを理解しよう

キャッシュ・コンバージョン・サイクルは、仕入債務を支払ってから、その後発生した売上債権が回収されるまでにかかる日数を示す指標です。日数が短くなれば回収までの期間が短くなるため、資金効率がよいことを意味します。

キャッシュ・コンバージョン・サイクル
＝売上債権回転期間＋棚卸資産回転期間－仕入債務回転期間（日）

6．自己資本当期純利益率を要素に分解して理解しよう

　自己資本当期純利益率（ROE）（P.139参照）は、株主の立場から投資効率をみる指標です。自己資本の額と結びつけて考えると、以下のように分解することができます。

　財務レバレッジは、自己資本比率の逆数となっています。単位は倍です。財務レバレッジが高いことは、自己資本以外に他人資本（負債）も多く使って事業を行っていることを意味します。株主の立場からの投資効率には、売上高利益率と資本回転率に加えて、他人資本の活用の程度も影響することがわかります。

第9章　財務諸表分析の理解

6 キャッシュ・フローの分析

Point

- 営業キャッシュ・フロー・マージンは、キャッシュ・フローベースでの収益性をみる指標である。
- 自己資本営業キャッシュ・フロー比率は、自己資本の運用効率をキャッシュ・フローの面から判断する指標である。
- 企業の短期の支払能力をキャッシュ・フローの面から判断する指標として、営業キャッシュ・フロー対流動負債比率がある。

1．フリー・キャッシュ・フローを理解しよう

　フリー・キャッシュ・フローとは、事業で稼いだキャッシュで投資を行ったのち、さらに自由に使える分がどのくらいあるかを示すものです。プラスの場合、営業キャッシュ・フローで投資活動をまかなうことができていることを意味します。さらに、フリー・キャッシュ・フローで借入を返済すれば、自己資本比率が高まり、財務の健全性も向上します。逆に、マイナスの場合、投資活動に必要な資金を営業キャッシュ・フローだけではまかなえないため、外部からの借入などで資金を調達する必要があります。

　　フリー・キャッシュ・フロー
　　＝営業活動によるキャッシュ・フロー＋投資活動によるキャッシュ・フロー

2．営業キャッシュ・フロー・マージンを理解しよう

　営業キャッシュ・フロー・マージンは、**企業のキャッシュ・フローベースでの収益性**を評価する指標です。

$$\text{営業キャッシュ・フロー・マージン} = \frac{\text{営業活動によるキャッシュ・フロー}}{\text{売上高}} \times 100 (\%)$$

　売上高営業利益率の計算式で、分子を営業利益に代えて、営業活動によるキャッシュ・フローを当てはめたと考えればよいでしょう。

3．自己資本営業キャッシュ・フロー比率を理解しよう

　自己資本営業キャッシュ・フロー比率は、**自己資本から、どれだけ営業活動によるキャッシュ・フローが創出されるか**をみる指標です。比率が高いほどキャッシュ・フローの創出能力が高く、資本効率は良好であるといえます。

$$\text{自己資本営業キャッシュ・フロー比率} = \frac{\text{営業活動によるキャッシュ・フロー}}{\text{自己資本（＝純資産）}} \times 100（\%）$$

4．営業キャッシュ・フロー対流動負債比率を理解しよう

　営業キャッシュ・フロー対流動負債比率は、流動負債に対して、営業活動によるキャッシュ・フローがどれだけあるかを示すことで、**企業の支払能力**を評価するものです。比率が高いほど、支払能力が良好であることを意味します。

$$\text{営業キャッシュ・フロー対流動負債比率} = \frac{\text{営業活動によるキャッシュ・フロー}}{\text{流動負債}} \times 100（\%）$$

5．設備投資額対キャッシュ・フロー比率を理解しよう

　設備投資額対キャッシュ・フロー比率は、営業活動によるキャッシュ・フローのうち、どれだけ設備投資にあてられているかをみる指標です。有形固定資産の取得による支出と、有形固定資産の売却による収入は、いずれもキャッシュ・フロー計算書のうち、投資活動によるキャッシュ・フローの区分に記載される項目です。

$$\text{設備投資額対キャッシュ・フロー比率} = \frac{\text{設備投資額}}{\text{営業活動によるキャッシュ・フロー}} \times 100（\%）$$

$$\text{設備投資額} = \text{有形固定資産の取得による支出} - \text{有形固定資産の売却による収入}$$

第9章 財務諸表分析の理解

7 セグメント情報の分析

Point

- セグメント情報は、企業グループを構成する複数の事業について、個々の財務状況・経営成績を把握するための情報である。
- セグメント情報の分析指標には、セグメント売上高利益率、セグメント資産利益率、セグメント項目の対前年度比などがある。

1．セグメント情報の意義を理解しよう

　企業グループは複数の事業から構成されるため、グループ全体だけでなく、事業ごとの財務状況・経営成績を把握する必要があります。たとえば、A事業とB事業では収益性が大きく異なる、地域によって売上高が大きく異なるといったこともあります。こうした企業の多角化や国際化の状況を開示するものがセグメント情報です。

　セグメント情報は、事業の種類別セグメント情報が代表的ですが、そのほかに親会社・子会社の所在地別セグメント情報や海外売上高情報などがあります。

図表 9-2　事業の種類別セグメント情報の例

	A事業	B事業	C事業	D事業	計	消去又は全社	連結
売上高							
(1)外部顧客に対する売上高	×××	×××	×××	×××	×××	－	×××
(2)内部売上高又は振替高	×××	×××	×××	×××	×××	(×××)	×××
計	×××	×××	×××	×××	×××	(×××)	×××
セグメント利益又は損失	×××	×××	×××	×××	×××	(×××)	×××
セグメント資産	×××	×××	×××	×××	×××	×××	×××
その他の項目（以下省略）							

2. セグメント情報の分析を理解しよう

① 各セグメントの状況についての分析

　企業全体を分析するのと同様に、各セグメントについて売上高利益率（利益÷売上高）や資産利益率（利益÷資産）をみることができます。

② グループ全体に対する各セグメントの構成の分析

　売上・利益や資産の構成割合（セグメント構成比）によって、各セグメントのグループ全体への貢献度合いをみることができます。

③ 対前年度・時系列比較による事業構成の変化の分析

　対前年度比較や時系列比較によって、企業の事業展開の変化や方向性をつかむことができます。

📝検定対策

▶ セグメント情報の詳細について問われることは少ないと予想されます。計算問題対策として、連結合計額が連結貸借対照表・連結損益計算書と合致するという数字的な整合関係をおさえておきましょう。

147

第9章　財務諸表分析の理解

8 連単倍率と規模倍率

Point

● 連単倍率は、個別財務諸表に対する連結財務諸表倍率である。

● 規模倍率は、連単倍率を複数の企業間で比較した指標である。

1．連単倍率の考え方を理解しよう

　連単倍率は、**親会社個別財務諸表**の数値に対する**連結財務諸表**の数値の比率をいいます。

　親会社単独の活動に対して、企業集団全体としてはどれだけの規模があるのかをみることができます。

$$連単倍率 = \frac{連結財務諸表の数値}{親会社個別財務諸表の数値}（倍）$$

2．連単倍率の具体的指標を理解しよう

　連単倍率は、財務諸表のさまざまな項目について計算することが可能です。売上高、経常利益、当期純利益、総資産、純資産などをみるのが一般的です。

　売上高や総資産については、連結ベースの金額には子会社の分が含まれるため、通常、連単倍率は1倍を超えます。

　一方、利益や純資産については、連結子会社が赤字であったり債務超過である場合があるので、1倍を下回ることもあります。

> **債務超過：**
> 総資産より総負債のほうが多く、純資産がマイナスの状態をいう。

3．規模倍率の考え方を理解しよう

　連単倍率と同じ発想で他社の指標と比較することで、企業間の規模の違いをみることができます。これを規模倍率といいます。

規模倍率は、あらゆる指標について計算することができますが、代表的なものとして、資産合計、売上高、当期純利益について紹介します。

$$資産合計の規模倍率 = \frac{比較企業の資産合計}{基準企業の資産合計}（倍）$$

$$売上高の規模倍率 = \frac{比較企業の売上高}{基準企業の売上高}（倍）$$

$$当期純利益の規模倍率 = \frac{比較企業の当期純利益}{基準企業の当期純利益}（倍）$$

たとえば、自社と他社を比較して、他社は資産合計の規模に対して当期純利益の規模の倍率が高ければ、他社のほうが投資効率が高いといった分析ができます。

📝検定対策

▶ 計算問題では、分母・分子の混同に注意しましょう。

▶ 「総資産の連単倍率は1倍未満にはならない」といった文章の正誤を問う問題により、連結財務諸表の構造への理解が問われます。

第9章 財務諸表分析の理解

9 損益分岐点分析① 損益分岐図表

> **Point**
> - 損益分岐点は、収益＝費用（損益がゼロ）となる操業度をいう。
> - 損益分岐点分析は、費用を固定費と変動費に分解することで、費用・操業度・利益に一定の相関関係があることを前提にして行われる。

1．損益分岐点分析の考え方を理解しよう

　損益分岐点により企業の採算性を分析することを損益分岐点分析といいます。

　損益分岐点（**BEP**：Break Even Point）とは、**収益＝費用となる操業度**をいいます。操業度は、企業の活動量のことであり、具体的には**販売数量**や**生産時間**などを意味します。損益分岐点は、赤字から黒字に転換する操業度と考えるといいでしょう。また、損益分岐点における売上高を**損益分岐点売上高**といいます。

　損益分岐点分析は、費用（Cost）と操業度（Volume）と利益（Profit）の関係を分析するものです。この関係を **CVP 関係**ということもあります。

2．損益分岐図表（利益図表）の考え方を理解しよう

　操業度と費用と利益の関係をグラフに表したものを、損益分岐図表（または利益図表）といいます。例を見てみましょう。

　次ページの**図表 9-3** は、縦軸に収益・費用の金額をとり、横軸に操業度（ここでは売上高としています）をとったものです。

①操業度と収益の関係

　図表 9-3 では、操業度に売上高をとっているので、操業度が１増えれば、収益も１増えます。したがって、売上高と操業度の関係は、角度が 45 度の直線（**売上高線（A）**）で示すことができます。

②操業度と費用の関係

損益分岐点分析では、企業の活動による費用を、損益計算書の項目にかかわらず、固定費と変動費の2つに分類します。

- **固定費**……操業度の変動にかかわらず一定額が発生する費用
- **変動費**……操業度に応じて比例的に発生する費用

操業度と費用の関係は、**図表 9-3** の**総費用線（B）**のように示されます。

③損益分岐点

図表 9-3 の**売上高線（A）**と**総費用線（B）**が交差する操業度が、損益分岐点です。交差するときには、収益（売上）＝費用（固定費＋変動費）となっています。損益分岐点より低い操業度（**α**）では損失（収益＜費用）となっており、損益分岐点より高い操業度（**β**）では利益（収益＞費用）となっています。

図表 9-3　損益分岐図表の例

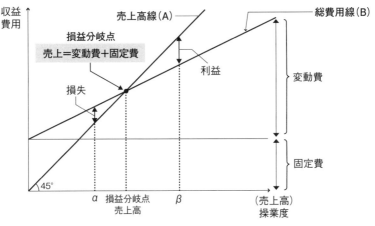

> 📝 **検定対策**
>
> ▶ 検定試験2級では、損益分岐図表の項目についての空欄補充が問われることも考えられます。損益分岐図表の構造を理解しておきましょう。

10 損益分岐点分析② 損益分岐点売上高の計算

> **Point**
> ● 損益分岐点売上高は、固定費÷限界利益率により求めることができる。
> ● 限界利益とは、変動費をカバーしたあとの利益であり、固定費は限界利益によってまかなわれる。

1．限界利益の考え方を理解しよう

①限界利益と限界利益率

損益分岐点分析では、限界利益という考え方が用いられます。限界利益は、売上高から変動費を除いた金額です。限界利益率は、売上高に占める限界利益の割合をいいます。

なお、売上高に対する変動費の割合を、**変動費率**といいます。

図表 9-4 変動費率の算出

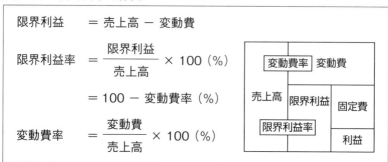

②限界利益と固定費の関係

限界利益は、変動費を回収してなお得られる利益です。したがって、固定費は限界利益によってまかなわれていると考えることができます。

図表 9-4 からは、利益がゼロとなるとき、限界利益＝固定費であることがわかります。

2．損益分岐点売上高を計算しよう

①損益分岐点売上高の計算式

損益分岐点売上高は、固定費と限界利益率によって計算できます。

$$損益分岐点売上高 = \frac{固定費}{限界利益率}（円）$$

②損益分岐点売上高の計算の例

簡単な例で確認しましょう。

固定費10,000円、製品1個当たりの売上高200円・変動費160円であるとします。

1個当たりの限界利益＝200円－160円＝40円

限界利益率＝40円÷200円×100＝20％

限界利益は、変動費をカバーした後の利益です。製品が1個売れるごとに、固定費が40円回収されていると考えることができます。また、売上高1円について0.2円（20％）の固定費が回収されていると考えることができます。

固定費＝限界利益となる時点が、損益分岐点です。

固定費（10,000円）＝（損益分岐点での）限界利益
　　　　　　　　　＝損益分岐点売上高×限界利益率（20％）

よって、損益分岐点売上高は、次の計算により得られます。

損益分岐点売上高 ＝ 10,000円（固定費）÷ 20％（限界利益率）
　　　　　　　　 ＝ 50,000円

図表9-5　損益分岐点売上高の計算

第9章　財務諸表分析の理解

11 損益分岐点分析③　損益分岐点に関する指標

Point

- 損益分岐点比率は、実際の売上高を 100 としたときの損益分岐点売上高の割合をいう。
- 経営安全率は、損益分岐点売上高を割り込むまでには、現在の売上高からどれだけ売上高が減少しても余裕があるかの割合をいう。
- 固定費と変動費の区分は、本来、損益計算書の表示項目にかかわらず、各費用の発生の態様により区分される（外部分析において、固定費と変動費を区分することはむずかしい）。

1．損益分岐点分析に関する指標を理解しよう

①損益分岐点比率

損益分岐点比率は、実際の売上高を 100 としたときの損益分岐点売上高の割合です。比率が低いほど、採算が良好な操業水準であることを意味します。

$$損益分岐点比率 = \frac{損益分岐点売上高}{売上高} \times 100（\%）$$

②経営安全率

経営安全率は、損失となるまでに、現在の売上高からどれだけ減少しても余裕があるかを意味します。比率が高いほど、余裕があることを示します。**安全余裕度**ともいわれます。

$$経営安全率 = \frac{売上高 - 損益分岐点売上高}{売上高} \times 100（\%）$$

$$= 100 - 損益分岐点比率（\%）$$

154

2．固定費と変動費の区分について理解しよう

　公表される財務諸表では、費用について固定費と変動費という基準では区分されていません。このため、外部分析（対象会社の外部の者が行う分析）では、固定費と変動費を区分して把握することには限界があります。ただし、おおまかな区分として、商品売上原価と製造原価のうち、材料費と外注加工費を変動費とし、その他の経費を固定費としてみることが可能です。経常利益を基準に損益分岐点を考える場合には、**図表 9-6** のようになります。

図表 9-6　外部分析による固定費と変動費の区分

	①商業の場合	②製造業の場合
固定費	販売費及び一般管理費＋営業外費用－営業外収益	販売費及び一般管理費＋労務費＋（製造経費－外注加工費）＋営業外費用－営業外収益
変動費	売上原価	売上原価－労務費－（製造経費－外注加工費）

✎**検定対策**

▶ 実際の検定試験で、固定費・変動費の区分が問われる可能性は低いと考えられます。問題で与えられた条件に従って解答すればよいでしょう。

第9章 財務諸表分析の理解

12 1株当たり分析

Point

- 1株当たりの指標を用いることにより、時系列の比較や企業間での比較ができる。
- 株価と関連づけることで、投資判断における指標としても用いることができる。

1. 1株当たり分析の具体的指標を理解しよう

① 時価総額

市場からみたその企業の経済的価値を意味します。

$$時価総額 ＝ 1株当たり株価 × 発行済株式数（円）$$

② 1株当たり当期純利益

EPS（Earnings Per Share）ともいわれます。

$$\begin{matrix}1株当たり当期純利益\\（EPS）\end{matrix} ＝ \frac{親会社株主に帰属する当期純利益}{発行済株式数}（円）$$

③ 株価収益率

PER（Price Earnings Ratio）ともいわれます。1株当たり当期純利益（EPS）に対して株価が何倍となっているかを表します。したがって、EPSがマイナスの場合には計算されません。

$$株価収益率（PER）＝ \frac{1株当たり株価}{1株当たり当期純利益（EPS）}（倍）$$

④ 株式益回り

株価に対する1株当たり当期純利益の割合を示します。株価収益率（PER）の逆数を％で表したものです。

$$株式益回り ＝ \frac{1株当たり当期純利益（EPS）}{1株当たり株価} × 100（％）$$

156

⑤ 1 株当たり純資産

BPS（Book-value Per Share）ともいわれます。

$$\text{1 株当たり純資産（BPS）} = \frac{\text{純資産}}{\text{発行済株式数}} \text{（円）}$$

⑥ 株価純資産倍率

PBR（Price Book-value Ratio）ともいわれます。

1 株当たり純資産（BPS）に対して株価が何倍となっているかを表します。したがって、BPS がマイナスの場合には計算されません。

$$\text{株価純資産倍率（PBR）} = \frac{\text{1 株当たり株価}}{\text{1 株当たり純資産（BPS）}} \text{（倍）}$$

⑦ 配当利回り

株価に対する配当の利回りを表します。

$$\text{配当利回り} = \frac{\text{1 株当たり配当額}}{\text{1 株当たり株価}} \times 100 \text{（\%）}$$

⑧ 1 株当たりキャッシュ・フロー

CFPS（Cash Flow Per Share）ともいわれます。利益とキャッシュ・フローの期間的な差異を除いた実際の資金収支を表します。

$$\text{1 株当たりキャッシュ・フロー（CFPS）} = \frac{\text{営業キャッシュ・フロー}}{\text{発行済株式数}} \text{（円）}$$

⑨ 株価キャッシュ・フロー倍率

PCFR（Price Cash Flow Ratio）ともいわれます。

第 9 章　財務諸表分析の理解

$$株価キャッシュ・フロー倍率 (PCFR) = \frac{1株当たり株価}{1株当たりキャッシュ・フロー（CFPS）}（倍）$$

⑩ 1 株当たり配当額

厳密には、自己株式には配当が行われないことなどを考慮する必要があります。しかし、ここでは、簡便に把握する計算を紹介しています。

$$1株当たり配当額 = \frac{配当金総額}{発行済株式数}（円）$$

⑪ 配当性向

親会社株主に帰属する当期純利益のうちどれだけ配当にあてられたかを示します。

$$配当性向 = \frac{配当金総額}{親会社株主に帰属する当期純利益} \times 100（\%）$$

$$= \frac{1株当たり配当額}{1株当たり当期純利益（EPS）} \times 100（\%）$$

⑫ 株式資本配当率

DOE（Dividend on equity ratio）ともいわれます。株主の持分である純資産に対して、企業がどの程度、利益配分をしているかを表します。

$$株式資本配当率 = \frac{配当金総額}{純資産} \times 100（\%）$$

$$= \frac{1株当たり配当額}{1株当たり純資産（BPS）} \times 100（\%）$$

◎財務諸表の注記としての「1株当たり情報」

1株当たり当期純利益や1株当たり純資産は、財務諸表の注記項目の1つとして記載されることになっています。

財務諸表に注記される1株当たり情報については、本項で示した計算とは異なり、別途詳細なルールが定められています（ただし、外部分析においては、そこまで詳細な計算を行うことはできません）。

🖊 検定対策

▶ 検定試験2級では、総合問題のなかで1株当たり分析の指標について計算が問われることが考えられます。分母・分子について、どの財務諸表の数値であるかを理解しておきましょう。

▶ また、指標の属性について、「〇〇は、〇％以下にはならない」「〇〇は、高いほうが良好である」といった文章の正誤を問う問題も考えられます。計算式の意味を理解しておきましょう。

▶ なお、実際の検定試験で計算が求められる場合には、具体的に指示がないかぎり、財務諸表での注記にさいして求められる計算式ではなく、本項に示した計算式で解答して差し支えないでしょう。

第9章　財務諸表分析の理解

13 一人当たり分析

Point

- 従業員一人当たり総資産を、資本集約率という。
- 従業員一人当たり有形固定資産を、労働装備率という。

1．一人当たり分析に関する主な指標を理解しよう

　一人当たり分析は、財務諸表のさまざまな項目を従業員一人当たりでみる分析です。時系列での比較や、企業間での比較が行われることもあります。たとえば、**図表 9-7** のような指標があります。

図表 9-7　一人当たり分析に関する主な指標

区分	指標	備考
損益計算書の項目に関するもの	従業員一人当たり売上高	―
	従業員一人当たり営業利益	―
	従業員一人当たり経常利益	―
貸借対照表の項目に関するもの	従業員一人当たり総資産	**資本集約率**ともいわれる。
	従業員一人当たり有形固定資産	**労働装備率**ともいわれる。
その他の項目	従業員一人当たり人件費	財務諸表から直接把握することはできないが、有価証券報告書（P.18 参照）には、従業員一人当たりの年間平均給与が記載されている。

検定対策

▶ 検定試験2級では、総合問題のなかで一人当たり分析の指標について計算が求められることが考えられます。資料のなかから必要なデータを見つけ出せるかがポイントです。

▶ なお、計算そのものは複雑ではありませんが、資本集約率・労働装備率などで問われることもありますので、名称も押さえておきましょう。

理解度チェックと解答・解説
理解度チェック

次の記述のうち、適切と思われるものは○に、不適切と思われるものは×に、それぞれ丸を付けなさい。

1. 当座比率は、企業の短期の債務支払能力を判断する指標であり、その値が小さいほうが望ましい。 (○ ×)

2. 当座資産には、現金預金、受取手形、売掛金、棚卸資産などの項目が含まれる。 (○ ×)

3. 現金及び預金は600百万円、売掛金は400百万円、流動資産に含まれる有価証券は1,000百万円、年間売上高は48,000百万円、総資産額は60,000百万円である。このとき、手元流動性は1,600百万円、手元流動性比率は0.4である。 (○ ×)

4. 棚卸資産があるとき、流動比率は当座比率より大きい。 (○ ×)

5. 固定比率は、純資産と負債のバランスに注目した指標である。 (○ ×)

6. 固定比率は長期の安全性を把握する指標で、その値は小さいほうが良好である。 (○ ×)

7. 流動資産が300百万円、資産総額が600百万円、負債総額が500百万円で、繰延資産はなかった。このとき、固定比率は300%である。 (○ ×)

8. 固定負債があるとき、固定長期適合率は固定比率より大きい。 (○ ×)

9. 繰延資産がない場合、流動比率が60%であるなら、固定長期適合率が90%となることはない。 (○ ×)

10. 資産総額が3,000百万円、純資産が1,000百万円、流動負債が800百万円のとき、負債比率は100%である。 (○ ×)

11. 資本利益率は、売上高利益率と資本回転率の積に等しい。 (○ ×)

161

理解度チェック

12. 年間売上高が150百万円、棚卸資産が50百万円のとき、棚卸資産回転率は20回である。 （O ×）

13. A社、B社の売上債権回転期間はそれぞれ125日、96日であった。A社の売上債権回転期間はB社よりも長いため、A社のほうが売上債権の管理がより効率的であることがわかる。 （O ×）

14. A社、B社の棚卸資産回転率はそれぞれ12回、7回であった。A社の棚卸資産回転率はB社よりも高いため、A社のほうが棚卸資産の運用効率が良好であると判断される。 （O ×）

15. 売上高利益率は、利益の何倍の売上高を達成しているかを示す指標である。 （O ×）

16. 総資産額が200,000百万円、純資産額が100,000百万円、税金等調整前当期純利益が5,500百万円、親会社株主に帰属する当期純利益が3,700百万円のとき、ROEは1.85%である。 （O ×）

17. 資産合計が100,000百万円、投資その他の資産が20,000百万円、建設仮勘定が5,000百万円、繰延資産が800百万円のとき、経営資本は74,200百万円である。 （O ×）

18. 営業キャッシュ・フロー・マージンが8％、売上原価350百万円、販売費及び一般管理費100百万円、営業利益50百万円のとき、営業キャッシュ・フローは40百万円である。 （O ×）

19. 売上高が20,000百万円、営業利益が5,000百万円、営業キャッシュ・フロー・マージンが5％、自己資本営業キャッシュ・フロー比率が20%のとき、自己資本は5,000百万円である。 （O ×）

20. 当期純利益に関する連単倍率が1を上回っている場合、当該企業集団の子会社が連結当期純利益の計上に貢献していることを意味する。 （O ×）

21. 連単倍率は0.5を下回ることはない。 （O ×）

22. 親会社の個別財務諸表の売上高が1,000百万円、連単倍率が0.8のとき、連結財務諸表の売上高は1,250百万円である。 （O ×）

23. 債務超過とは、負債の額が純資産の額を上回ることをいう。

（O ✕）

24. 損益分岐点とは、収益と費用の金額が一致する売上高あるいは操業度をいう。 （O ✕）

25. 損益分岐点分析では、操業度が1単位増減するにつれて増減する利益を限界利益という。固定費と限界利益が一致する売上高が損益分岐点売上高である。 （O ✕）

26. 売上高が2,500万円（販売数量10,000単位、販売単価2,500円）、固定費は400万円、販売数量1単位当たりの変動費は2,000円であった。このとき、経営安全率は20％である。 （O ✕）

27. A社の純資産額は1,000,000千円、発行済株式数は1,000千株、株価は1,500円／株、B社の純資産額は1,600,000千円、発行済株式数は800千株、株価は2,500円／株であった。このとき、A社のBPSはB社よりも大きいが、PBRはA社のほうが小さい。 （O ✕）

28. A社の純資産額は1,000,000千円、発行済株式数は1,000千株、株価は1,500円／株、B社の純資産額は1,600,000千円、発行済株式数は800千株、株価は2,500円／株であった。また、A社の親会社株主に帰属する当期純利益は100,000千円、1株当たり配当額は10円／株、B社の親会社株主に帰属する当期純利益は80,000千円、1株当たり配当額は20円／株であった。このとき、A社の時価総額はB社よりも小さいが、配当性向はA社のほうが大きい。 （O ✕）

29. 発行済株式数は2,000百万株、配当総額は20,000百万円、1株当たり株価は500円／株であり、自己株式はないとき、配当利回りは2.0％である。 （O ✕）

解答・解説

番号	解答	解　　説
1	×	流動負債に対して、当座資産がどれだけあるかを示す指標であるため、比率は大きいほうが望ましいです。
2	×	当座資産には、現金預金、売上債権（受取手形＋売掛金）、売買目的の有価証券が含まれ、棚卸資産は含まれません。
3	O	手元流動性は、現金預金＋売買目的有価証券で求められます。設問では、特に指示がありませんので、流動資産に含まれる有価証券を売買目的有価証券と考えて、そのまま手元流動性に含めて計算します。 手元流動性＝現金及び預金600百万円＋流動資産に含まれる有価証券1,000百万円＝1,600百万円 手元流動性比率＝手元流動性÷月売上高＝1,600百万円÷（年間売上高48,000百万円÷12）＝0.4か月
4	O	当座資産には棚卸資産を含まないため、流動資産のほうが当座資産より比率が大きくなります。
5	×	固定比率は、純資産と固定資産のバランスに注目した指標です。純資産と負債のバランスをみるのは、負債比率です。
6	O	固定比率は、純資産に対する固定資産の割合です。返済不要の資金である純資産（自己資本）に対して、資金の長期の運用である固定資産が、どれだけの割合となっているかをみるものです。値は小さいほど長期の安全性は良好です。
7	O	固定比率は、固定資産÷純資産×100 で求めます。 固定資産＝資産総額600百万円－流動資産300百万円 　　　　　－繰延資産0百万円 　　　　＝300百万円 純資産　＝資産総額600百万円－負債総額500百万円 　　　　＝100百万円 固定比率＝固定資産300百万円÷純資産100百万円×100 　　　　＝300％

番号	解答	解　説
8	×	固定比率＝固定資産÷純資産×100 固定長期適合率＝固定資産÷（純資産＋固定負債）×100 よって、固定負債が0でないかぎり、固定長期適合率は固定比率より<u>小さくなります</u>。

番号	解答	解　説
9	○	繰延資産がないことを前提とすると、流動比率が100％未満である場合、固定長期適合率は必ず100％超となります。貸借対照表の模式図で理解しましょう。

流動資産	流動負債	→ 流動比率 100％未満
固定資産	固定負債	→ 固定長期適合率 100％超
	純資産	

番号	解答	解　説
10	×	負債比率は、負債÷純資産×100 で求めます。 負債　＝資産総額3,000百万円－純資産1,000百万円 　　　＝2,000百万円 負債比率＝負債2,000百万円÷純資産1,000百万円×100 　　　　＝<u>200％</u>

番号	解答	解　説
11	○	資本利益率　＝（利益÷売上高×100）×（売上高÷投下資本） 　　　　　　＝売上高利益率×資本回転率 売上高利益率と資本回転率から資本利益率を計算させる問題にも、対応できるようにしましょう。

番号	解答	解　説
12	×	棚卸資産回転率は、売上高÷棚卸資産で求めます。 棚卸資産回転率　＝年間売上高150百万円÷棚卸資産50百万円 　　　　　　　　＝<u>3回</u>

番号	解答	解　説
13	×	回転期間が長いということは、資金として回収されるまでに長く時間を要していることを意味します。<u>売上債権の管理としては、効率的でない</u>といえます。

解答・解説

番号	解答	解　説
14	O	資本回転率は、投下資本に対する売上高の割合であり、値が大きいほど、資本が効率的に運用されていることを意味します。
15	×	売上高利益率は、<u>売上高に対する利益の割合</u>を示します。
16	×	ROE（自己資本当期純利益率）は、親会社株主に帰属する当期純利益÷自己資本（純資産額）×100で求めます。 ROE＝親会社株主に帰属する当期純利益3,700百万円÷純資産額100,000百万円×100 　　　＝<u>3.7%</u>
17	O	経営資本は、営業活動に直接投下されている資本です。 経営資本 　＝資産合計100,000百万円－（投資その他の資産20,000百万円＋建設仮勘定5,000百万円＋繰延資産800百万円） 　＝74,200百万円
18	O	営業キャッシュ・フローは、売上高×営業キャッシュ・フロー・マージンで求めます。 売上高 　＝営業利益50百万円＋販売費及び一般管理費100百万円＋売上原価350百万円 　＝500百万円 営業キャッシュ・フロー 　＝売上高500百万円×営業キャッシュ・フロー・マージン8％ 　＝40百万円
19	O	自己資本は、営業キャッシュ・フロー÷自己資本営業キャッシュ・フロー比率で求めます。 営業キャッシュ・フロー 　＝売上高20,000百万円×営業キャッシュ・フロー・マージン5％ 　＝1,000百万円 自己資本 　＝営業キャッシュ・フロー1,000百万円÷自己資本営業キャッシュ・フロー比率20％ 　＝5,000百万円

番号	解答	解　　説
20	**O**	赤字の連結子会社がある場合には、当期純利益の連単倍率は1倍を下回ることがあります。
21	**×**	売上高や総資産については、子会社の分だけプラスされるので、連単倍率は必ず1倍以上となります。当期純利益や純資産については、子会社の金額がマイナスとなる可能性があるため、連単倍率は1倍を下回る可能性があります。子会社の状況によっては、0.5倍を下回ることもあります。
22	**×**	連結売上高は、親会社の個別財務諸表の売上高×連単倍率で求めます。 連結売上高 ＝ 売上高1,000百万円×連単倍率0.8 　　　　　＝800百万円
23	**×**	債務超過は、負債の額が総資産の額を上回る状態をいいます。このとき、純資産はマイナスとなります。
24	**O**	損益分岐点は、BEP（Break Even Point）ともいいます。
25	**O**	限界利益は、売上高－変動費です。変動費率が一定であることを前提とすると、操業度が1増加するにつれて限界利益分だけ利益は増加します。また、損益分岐点では利益がゼロであるため、限界利益（の累計）は固定費と一致します。
26	**O**	経営安全率は、（売上高－損益分岐点売上高）÷売上高×100で求めます。損益分岐点売上高は、限界利益率から求めます。 限界利益率 　＝（販売単価2,500円－販売数量1単位当たりの変動費2,000円）÷販売単価2,500円×100 　＝20％ 損益分岐点売上高 　＝固定費400万円÷限界利益率20％ 　＝2,000万円 以上より、経営安全率が求められます。 経営安全率 　＝（売上高2,500万円－損益分岐点売上高2,000万円）÷売上高2,500万円×100 　＝20％

解答・解説

番号	解答	解　説
27	×	BPS（1株当たり純資産） 　A社：1,000,000千円÷1,000千株＝1,000円／株 　B社：1,600,000千円÷800千株＝2,000円／株 PBR（株価純資産倍率）＝1株当たり株価÷BPS 　A社：1,500円／株÷1,000円／株＝1.5倍 　B社：2,500円／株÷2,000円／株＝1.25倍 よって、A社のBPSはB社より<u>小さく</u>、PBRはA社のほうが<u>大きく</u>なります。
28	×	時価総額＝1株当たり株価×発行済株式数 　A社：1,500円／株×1,000千株＝1,500,000千円 　B社：2,500円／株×800千株＝2,000,000千円 配当性向＝配当総額÷当期純利益×100 　A社：（10円／株×1,000千株）÷100,000千円×100＝10％ 　B社：（20円／株×800千株）÷80,000千円×100＝20％ よって、時価総額はA社のほうが小さく、配当性向も<u>A社のほうが小さく</u>なります。 なお、配当性向は、1株当たり配当額÷1株当たり当期純利益×100としても求めることができます。
29	○	配当利回りは、1株当たり配当額÷1株当たり株価×100で求めます。 1株当たり配当額 　＝配当総額20,000百万円÷発行済株式数2,000百万株 　＝10円／株 配当利回り 　＝1株当たり配当額10円／株÷1株当たり株価500円×100 　＝2.0％

第10章

ビジネス会計検定試験２級
模擬問題と解答・解説

ビジネス会計検定試験2級　模擬問題と解答・解説

模擬問題①

Ⅰ 次の【問1】～【問9】の設問に答えなさい。

【問1】　次の文章について、正誤の組み合わせとして正しいものを選びなさい。

(ア)会社法による計算書類では、キャッシュ・フロー計算書は作成されない。
(イ)会社法では、企業集団を対象とした連結計算書類は作成されない。

① （ア）正　　（イ）正
② （ア）正　　（イ）誤
③ （ア）誤　　（イ）正
④ （ア）誤　　（イ）誤

解答欄

【問2】　次の文章について、正誤の組み合わせとして正しいものを選びなさい。

(ア)売買目的有価証券の貸借対照表価額は、期末の時価である。
(イ)その他有価証券の貸借対照表価額は、市場価格の有無にかかわらず、取得原価である。

① （ア）正　　（イ）正
② （ア）正　　（イ）誤
③ （ア）誤　　（イ）正
④ （ア）誤　　（イ）誤

解答欄

170

【問3】 次の文章について、正誤の組み合わせとして正しいものを選びなさい。

(ア)自己株式は、実質的な株主資本の払戻しとしての性格を持つが、貸借対照表では、投資その他の資産の区分に表示される。
(イ)自己株式のことを、金庫株ということもある。

① (ア)正　(イ)正
② (ア)正　(イ)誤
③ (ア)誤　(イ)正
④ (ア)誤　(イ)誤

解答欄

【問4】 次の文章について、正誤の組み合わせとして正しいものを選びなさい。

(ア)製造原価明細書では、当期総製造費用の内訳について、材料費、労務費、経費などに区分して表示される。
(イ)製造原価明細書の最終行では、当期製品製造原価が示される。

① (ア)正　(イ)正
② (ア)正　(イ)誤
③ (ア)誤　(イ)正
④ (ア)誤　(イ)誤

解答欄

【問5】 次の文章について、正誤の組み合わせとして正しいものを選びなさい。

(ア)持分法とは、被投資会社の純資産および損益のうち、投資会社に帰属する部分の変動に応じて投資額を毎期修正する方法をいう。
(イ)非支配株主に帰属する利益とは、親会社以外の株主が存在する場合に、子会社の利益のうち、親会社以外の株主に帰属する部分をいう。

① (ア)正　(イ)正
② (ア)正　(イ)誤
③ (ア)誤　(イ)正
④ (ア)誤　(イ)誤

解答欄

171

ビジネス会計検定試験 2 級　模擬問題と解答・解説

【問6】　次の文章について、正誤の組み合わせとして正しいものを選びなさい。

(ア)連結損益計算書の売上高には、子会社の売上高のうち親会社の持分に対応する部分を按分して集計される。
(イ)連結損益計算書の売上高には、関連会社の売上高は含まれない。

① （ア）正　　（イ）正
② （ア）正　　（イ）誤
③ （ア）誤　　（イ）正
④ （ア）誤　　（イ）誤

解答欄

【問7】　次の文章について、正誤の組み合わせとして正しいものを選びなさい。

(ア)連結キャッシュ・フロー計算書の最終行は、現金及び現金同等物の当期増加（減少）額である。
(イ)営業活動によるキャッシュ・フローを間接法により表示する場合、非支配株主に帰属する利益は税金等調整前当期純利益に加算して調整される。

① （ア）正　　（イ）正
② （ア）正　　（イ）誤
③ （ア）誤　　（イ）正
④ （ア）誤　　（イ）誤

解答欄

172

模擬問題①

【問8】 次の文章について、正誤の組み合わせとして正しいものを選びなさい。

(ア)仕入債務の支払いを行うと、仕入債務は減少するので、仕入債務の減少は営業キャッシュ・フローの減少をもたらす。
(イ)貸倒引当金を増加させても、キャッシュ・フローをともなわないので、営業キャッシュ・フローの金額には影響がない。

① (ア)正 (イ)正
② (ア)正 (イ)誤
③ (ア)誤 (イ)正
④ (ア)誤 (イ)誤

解答欄

【問9】 次の文章について、正誤の組み合わせとして正しいものを選びなさい。

(ア)長期的な財務の健全性の観点からは、負債比率は値が低いほど望ましい。
(イ)負債比率が高くなるほど、自己資本比率は低くなる。

① (ア)正 (イ)正
② (ア)正 (イ)誤
③ (ア)誤 (イ)正
④ (ア)誤 (イ)誤

解答欄

Ⅱ 次の【問1】～【問11】の設問に答えなさい。

【問1】 次の文章の空欄(ア)と(イ)に当てはまる語句の適切な組み合わせを選びなさい。

> 会計情報の利害調整機能とは、会計情報によって、ステークホルダー間の利害対立が解消されることである。利害調整機能は、(ア)機能ともいわれる。また、(イ)機能は、会計情報が、投資者の投資判断にとって役立つ情報を提供することである。(イ)機能は、投資判断情報提供機能ともいわれる。

① (ア)成果配分支援　(イ)経営決定支援
② (ア)意思決定支援　(イ)成果配分支援
③ (ア)成果配分支援　(イ)意思決定支援
④ (ア)意思決定支援　(イ)経営決定支援

解答欄

【問2】 次の文章の空欄(ア)と(イ)に当てはまる語句の適切な組み合わせを選びなさい。

> 企業集団において、他の会社を支配している会社を親会社といい、親会社によって支配されている会社を (ア) という。また、親会社および (ア) が、出資、人事、資金、技術、取引などの関係を通じて他の会社に重要な影響を与えることができる場合、当該他の会社を (イ) という。

① (ア)非連結子会社　(イ)関連会社
② (ア)子会社　　　　(イ)関連会社
③ (ア)子会社　　　　(イ)持分法適用会社
④ (ア)子会社　　　　(イ)非連結子会社

解答欄

模擬問題①

【問3】 次の文章の空欄(ア)と(イ)に当てはまる語句の適切な組み合わせを選びなさい。

（ア）法とは、金融資産または金融負債を債権額または債務額と異なる金額で計上した場合に、当該差額に相当する金額を、弁済期または償還期に至るまで毎期一定の方法で（イ）に加減する方法をいう。

① （ア）割引現在価値　（イ）正味売却価額
② （ア）割引現在価値　（イ）将来キャッシュ・フロー
③ （ア）償却原価　　　（イ）債権額または債務額
④ （ア）償却原価　　　（イ）取得原価

解答欄

【問4】 次の文章の空欄(ア)と(イ)に当てはまる語句の適切な組み合わせを選びなさい。

連結株主資本等変動計算書は、連結貸借対照表の（ア）の一会計期間における変動額を報告する計算書である。（ア）は、株主資本、その他の包括利益累計額、新株予約権、（イ）から構成されている。（イ）は連結に固有の項目である。

① （ア）純資産の部　（イ）非支配株主持分
② （ア）純資産の部　（イ）自己株式
③ （ア）総資産の部　（イ）非支配株主持分
④ （ア）総資産の部　（イ）自己株式

解答欄

【問5】 次の項目のうち、キャッシュ・フロー計算書における現金及び現金同等物に含まれない項目の個数を選びなさい。

ア. 当座預金
イ. 預入日から満期日までの期間が3か月の定期預金
ウ. 市場性のある株式
エ. 通知預金
オ. 当座借越

①　なし　　②　1つ　　③　2つ　　④　3つ　　⑤　4つ

解答欄

175

ビジネス会計検定試験 2 級　　模擬問題と解答・解説

【問6】　連結キャッシュ・フロー計算書の営業活動によるキャッシュ・フローの表示方法として間接法を採用した場合、次の項目のうち税金等調整前当期純利益に加算する項目の個数を選びなさい。ただし、営業活動によるキャッシュ・フローの区分に表示されるものに限るものとする。

ア. 負ののれん発生益
イ. 賞与引当金の増加額
ウ. 売上債権の増加額
エ. 有形固定資産売却益
オ. 仕入債務の増加額
カ. 減損損失

① 1つ　　② 2つ　　③ 3つ　　④ 4つ　　⑤ 5つ

解答欄

【問7】　次の資料から売上原価を計算し、正しい数値を選びなさい。

当期製品製造原価 5,400	当期総製造費用 5,500
期首仕掛品棚卸高 100	期末仕掛品棚卸高 200
期首製品棚卸高 400	期末製品棚卸高 600

① 5,200　　② 5,300　　③ 5,500　　④ 5,600　　⑤ 5,700

解答欄

【問8】　次の資料から負債に該当する項目の合計額を計算し、正しい数値を選びなさい。

| 社債発行費 20 | 非支配株主持分 120 | 電子記録債務 60 |
| 貸倒引当金 40 | コマーシャル・ペーパー 160 | 繰延税金資産 80 |

① 80　　② 200　　③ 220　　④ 260　　⑤ 340

解答欄

176

模擬問題①

【問9】 次の資料から株主資本に該当する項目の合計額を計算し、正しい数値を選びなさい。

新株予約権 30　　為替換算調整勘定 10　　　　資本金 100
資本剰余金 60　　その他有価証券評価差額金 40
自己株式 20　　　利益剰余金 50

① 190　　② 200　　③ 210　　④ 220　　⑤ 230

解答欄

【問10】 次の資料から親会社株主に帰属する当期純利益を計算し、正しい数値を選びなさい。なお、法人税等調整額の△は法人税、住民税及び事業税に対してマイナスであることを意味する。

税金等調整前当期純利益 4,000　　　　持分法による投資利益 100
非支配株主に帰属する当期純利益 200　法人税、住民税及び事業税 1,800
法人税等調整額 △300　　　　　　　　のれん償却額 400

① 2,000　　② 2,300　　③ 2,400　　④ 2,700　　⑤ 2,800

解答欄

【問11】 次の表示区分と表示項目の組み合わせのうち、正しくないものを選びなさい。

	表示区分		表示項目
①	営業外収益	——	仕入割引
②	営業外費用	——	手形売却損
③	営業外収益	——	非支配株主に帰属する当期純利益
④	営業外収益	——	持分法による投資利益
⑤	営業外費用	——	コマーシャル・ペーパー利息

解答欄

ビジネス会計検定試験 2 級　模擬問題と解答・解説

Ⅲ　次の【問1】～【問13】の設問に答えなさい。

【問1～問3共通】

次の資料（単位：百万円）により、【問1】～【問3】の文章について、正誤の組み合わせとして正しいものを選びなさい。資料の空欄は各自で計算すること。なお、貸借対照表はここに記載されている項目のみで構成されているものとする。また、純資産を自己資本とみなす。なお、各種の比率の計算において、数値は期末の値を用いるものとする。

項目	A社	B社
流動資産	(　　　　)	7,500
固定資産	6,300	7,200
繰延資産	200	300
流動負債	3,000	3,200
固定負債	3,300	5,800
純資産	4,200	(　　　　)
売上高	7,000	12,500
売上総利益	1,750	2,500
経常利益	1,200	1,800
税引前当期純利益	1,400	1,200
当期純利益	840	900

【問1】

(ア)売上高売上原価率を計算すると、A社のほうがB社よりも高い。
(イ)総資本回転率を計算すると、A社のほうがB社よりも高い。

① (ア)正　　(イ)正
② (ア)正　　(イ)誤
③ (ア)誤　　(イ)正
④ (ア)誤　　(イ)誤

解答欄

【問2】

(ア)自己資本当期純利益率を計算すると、A社のほうがB社よりも高い。
(イ)自己資本比率を計算すると、A社のほうがB社よりも高い。

① (ア)正　　(イ)正
② (ア)正　　(イ)誤
③ (ア)誤　　(イ)正
④ (ア)誤　　(イ)誤

解答欄

模擬問題①

【問3】

(ア)固定比率を計算すると、A社のほうがB社よりも高い。
(イ)正味運転資本を計算すると、A社のほうがB社よりも小さい。

① (ア)正　　(イ)正
② (ア)正　　(イ)誤
③ (ア)誤　　(イ)正
④ (ア)誤　　(イ)誤

解答欄

【問4】 次の資料により、ア～エのうち正しい文章の適切な組み合わせを選びなさい。

指標	Q社	R社
売上高売上総利益率	35%	28%
売上債権回転率	18回	12回
棚卸資産回転期間	55日	75日
総資本事業利益率	6%	4%

ア．Q社の売上高売上総利益率はR社よりも高く、Q社のほうが利幅が大きいことがわかる。
イ．Q社の売上債権回転率はR社よりも高いため、Q社のほうが売上債権の管理がより効率的であることがわかる。
ウ．Q社の棚卸資産回転期間はR社よりも短いため、Q社のほうが棚卸資産の運用効率が良好でないと判断される。
エ．Q社の総資本事業利益率はR社よりも高いため、Q社のほうが自己資本の運用効率が高いことがわかる。

① アイ　　② アウ　　③ アイウ　　④ アイエ　　⑤ イエ

解答欄

179

ビジネス会計検定試験 2 級　模擬問題と解答・解説

【問5】　次の資料（単位：百万円）により、ア〜エのうち正しい文章の適切な組み合わせを選びなさい。流動資産は資料に示す項目だけで構成されているものとする。また、資料に示されていない数値で必要と考えられるものは各自で計算しなさい。なお、純資産を自己資本とみなし、貸借対照表数値は期末値を用いるものとする。

＜年度の損益計算書データ（抜粋）＞
　売上高（年額）12,000　　経常利益 1,000　　営業外収益 200
　営業外費用400
＜年度末の貸借対照表データ（抜粋）＞
　現金預金 100　　　　　　受取手形 300　　　　売掛金 400
　有価証券（すべて売買目的で保有するもの）200
　棚卸資産 800　　　　　　土地 1,100　　　　　建設仮勘定 500
　ソフトウェア 200　　　　投資その他の資産 900
　繰延資産 100　　　　　　資産総額 7,500　　　流動負債 2,000

ア. 経営資本営業利益率は25％である。
イ. 当座比率は50％である。
ウ. 棚卸資産回転期間は15か月である。
エ. 手元流動性比率は0.3か月である。

①　アイ　　　②　アエ　　　③　イウ　　　④　イエ　　　⑤　ウエ

解答欄　　　　　

【問6】　次の文章について、正誤の組み合わせとして正しいものを選びなさい。

（ア）企業の短期の支払能力を評価するうえでは、当座比率の値は小さいほうが望ましい。
（イ）流動比率と当座比率を比較すると、流動比率のほうが値が小さい。

---

①　（ア）正　　　（イ）正
②　（ア）正　　　（イ）誤
③　（ア）誤　　　（イ）正
④　（ア）誤　　　（イ）誤

解答欄　　　　　

180

模擬問題①

【問7】 次の文章について、正誤の組み合わせとして正しいものを選びなさい。

（ア）流動資産の金額が一定で、正味運転資本が増加した場合、流動比率は低くなる。
（イ）他の条件は一定で、手元流動性が大きくなると、当座比率は低くなる。

① （ア）正　　（イ）正
② （ア）正　　（イ）誤
③ （ア）誤　　（イ）正
④ （ア）誤　　（イ）誤

解答欄

ビジネス会計検定試験 2 級　模擬問題と解答・解説

【問8～問10共通】

　　　次の資料（単位：百万円）により、連結キャッシュ・フロー計
算書の営業活動によるキャッシュ・フローの区分について、【問
8】～【問10】の設問に答えなさい。空欄は必要に応じて各自で計
算すること。ただし、営業活動によるキャッシュ・フローの区分
は間接法により表示するものとする。

Ⅰ 営業活動によるキャッシュ・フロー	
税金等調整前当期純利益	23,000
減価償却費	4,000
（　　　ア　　　）	△800
投資有価証券売却損	（　　イ　　）
支払利息	（　　　　　）
小　計	（　　ウ　　）
利息の支払額	（　　　　　）
法人税等の支払額	△12,400
営業活動によるキャッシュ・フロー	（　　　　　）

【問8】　空欄（ア）に当てはまる項目を選びなさい。

① 棚卸資産の増加額
② （正の）のれん償却額
③ 仕入債務の増加額
④ 貸倒引当金の増加額
⑤ 減損損失

解答欄

【問9】　同じ期の連結損益計算書には、投資有価証券売却損300が計
　　　上されている。これは、簿価800の投資有価証券を500で売却し
　　　たことによるものである。売却代金は当期中に決済されている。
　　　空欄（イ）に当てはまる数値を選びなさい。

① △500　　② △300　　③ 300　　④ 500　　⑤ 800

解答欄

182

模擬問題①

【問10】 連結損益計算書に計上されている支払利息は200であるが、実際に、当期に利払いのために支出した金額は300であった。空欄（ウ）に当てはまる数値を選びなさい。

① 26,200 ② 26,300 ③ 26,700 ④ 26,800 ⑤ 26,900

解答欄

【問11〜問13共通】
次の資料により、【問11】〜【問13】の設問に答えなさい。

発行済株式数（百万株）	4,000
当期純利益（百万円）	120,000
純資産額（百万円）	600,000
配当総額（百万円）	36,000
1株当たり株価（円）	900

【問11】 株価純資産倍率は（ア）倍である。空欄（ア）に当てはまる数値を選びなさい。

① 2 ② 4 ③ 6 ④ 8 ⑤ 12

解答欄

【問12】 配当利回りは（イ）%である。空欄（イ）に当てはまる数値を選びなさい。

① 1.0 ② 1.25 ③ 1.5 ④ 2.0 ⑤ 3.3

解答欄

【問13】 時価総額は（ウ）百万円である。空欄（ウ）に当てはまる数値を選びなさい。

① 1,080,000 ② 1,200,000 ③ 2,400,000 ④ 3,600,000
⑤ 4,800,000

解答欄

183

ビジネス会計検定試験 2 級　模擬問題と解答・解説

Ⅳ 次の資料により、【問 1 】〜【問16】の設問に答えなさい。

　なお、資料において、貸借対照表は資料に記載されている項目だけで構成されているものとする。空欄は、必要に応じて各自で計算すること。また、以下でたとえば、現在の比率が 3 ％のときに「現在よりも 5 ％向上させる」とは、 3 ％×1.05＝3.15％ではなく、 3 ％＋ 5 ％＝ 8 ％となることを意味する。

　製造業を営む Y 社では、現在、 3 か年計画を編成している。
　Y 社の状況と、 3 か年計画編成に当たっての方針は以下のとおりである。
1. 貸借対照表および損益計算書の項目について、今年度の実績と 3 年後の計画値を対比したものは、以下のとおりである。

要約貸借対照表
(単位:百万円)

項　目	今年度実績	3年後計画
流動資産	44,000	（ク）
現金預金	5,000	
売上債権		（ケ）
棚卸資産		（コ）
固定資産	（ア）	（サ）
有形固定資産	36,000	
投資その他の資産		
資産合計		180,000
流動負債		
仕入債務	24,000	（シ）
短期借入金	（イ）	50,000
固定負債（長期借入金）	（ウ）	
負債合計		
資本金	3,000	
利益剰余金	（エ）	
純資産合計		（ス）
負債・純資産合計	（オ）	

要約損益計算書
(単位:百万円)

項　目	今年度実績	3年後計画
売上高	120,000	
売上原価		
販売費及び一般管理費		
営業利益	（カ）	21,600
営業外収益		（セ）
営業外費用	（キ）	
経常利益	9,000	（ソ）
（以下、省略）		

184

模擬問題①

2．3年後の売上高は、今年度の1.5倍となることを計画している。

3．売上高経常利益率は、3年後には現在よりも2.5％向上させることを目標とする。

4．生産能力増強のために、設備投資を実施する。3年後の有形固定資産の簿価は、今年度末に比べて34,000百万円増額する。

5．設備投資に対応するため、新株式の発行（増資）による資金調達を行う。3年間で合計27,000百万円の増資を行う。増資額は、全額資本金に組み入れる。

6．総資本回転率は、3年後には今年度末の1.2 回から1.0 回となることを想定している。

7．今年度の流動比率は、100％である。

8．3年後の売上高営業利益率は、増産の効果により3％向上する。

9．3年後の従業員一人当たり売上高は、150百万円となることを見込んでいる。

10．営業外収益は、すべて投資その他の資産の運用によるものである。今年度の投資その他の資産の期末残高に対する営業外収益の利回りは、3％であった。3年後は、投資その他の資産の残高を半分に減少させる。なお、投資その他の資産の期末残高に対する営業外収益の利回りは、現状を維持する。

11．営業外費用は、すべて借入金の支払利息である。今年度の借入利率は、年度末の貸借対照表計上額に対する割合で計算すると、短期借入金が2.5％、長期借入金が4.0％である。3年後には、短期借入金は3.0％、長期借入金は5.0％に上昇する見込みである。

12．売上高に対する棚卸資産回転率は、今年度末は8回であった。3年後は、在庫の増加により4回となる見込みである。

13．売上債権の回転率は、3年後も現状を維持する。

14．売上高に対する仕入債務の回転率は、支払いまでの期間を短縮し、3年後は6回とする。

15．3年後の固定長期適合率は、80％を目標とする。

【問1】 空欄（ア）に当てはまる数値を選びなさい。

① 55,000 ② 56,000 ③ 57,000 ④ 58,000 ⑤ 59,000

解答欄

【問2】 空欄（イ）に当てはまる数値を選びなさい。

① 16,000 ② 17,000 ③ 18,000 ④ 19,000 ⑤ 20,000

解答欄

ビジネス会計検定試験 2 級　模擬問題と解答・解説

【問3】　空欄（ウ）に当てはまる数値を選びなさい。

① 40,000　　② 42,500　　③ 45,000　　④ 47,500　　⑤ 50,000

解答欄

【問4】　空欄（エ）に当てはまる数値を選びなさい。

① 5,500　　② 6,000　　③ 6,500　　④ 7,000　　⑤ 7,500

解答欄

【問5】　空欄（オ）に当てはまる数値を選びなさい。

① 100,000　　② 120,000　　③ 135,000　　④ 144,000　　⑤ 152,000

解答欄

【問6】　空欄（カ）に当てはまる数値を選びなさい。

① 9,600　　② 10,200　　③ 10,800　　④ 11,400　　⑤ 12,000

解答欄

【問7】　空欄（キ）に当てはまる数値を選びなさい。

① 1,200　　② 2,400　　③ 3,200　　④ 3,600　　⑤ 4,200

解答欄

【問8】　空欄（ク）に当てはまる数値を選びなさい。

① 70,500　　② 74,000　　③ 85,500　　④ 92,000　　⑤ 100,000

解答欄

【問9】　空欄（ケ）に当てはまる数値を選びなさい。

① 24,000　　② 30,000　　③ 36,000　　④ 42,000　　⑤ 48,000

解答欄

模擬問題①

【問10】 空欄（コ）に当てはまる数値を選びなさい。

① 36,000 ② 39,000 ③ 42,000 ④ 45,000 ⑤ 48,000

解答欄

【問11】 空欄（サ）に当てはまる数値を選びなさい。

① 75,000 ② 80,000 ③ 82,000 ④ 83,500 ⑤ 85,000

解答欄

【問12】 空欄（シ）に当てはまる数値を選びなさい。

① 15,000 ② 30,000 ③ 60,000 ④ 90,000 ⑤ 120,000

解答欄

【問13】 空欄（ス）に当てはまる数値を選びなさい。

① 48,000 ② 49,000 ③ 50,000 ④ 51,000 ⑤ 52,000

解答欄

【問14】 空欄（セ）に当てはまる数値を選びなさい。

① 300 ② 400 ③ 500 ④ 600 ⑤ 700

解答欄

【問15】 空欄（ソ）に当てはまる数値を選びなさい。

① 12,000 ② 15,000 ③ 16,000 ④ 18,000 ⑤ 21,000

解答欄

【問16】 ３年後の従業員数は（タ）名である。空欄（タ）に当てはまる
数値を選びなさい。

① 800 ② 1,000 ③ 1,200 ④ 1,500 ⑤ 1,800

解答欄

ビジネス会計検定試験2級　模擬問題と解答・解説
模擬問題②

I 次の【問1】～【問9】の設問に答えなさい。

【問1】　次の文章について、正誤の組み合わせとして正しいものを選びなさい。

> （ア）棚卸資産の貸借対照表価額には、低価法を適用できる。このため、期末の正味売却価額が取得原価を下回る場合には、正味売却価額によって貸借対照表に計上される。
> （イ）社債を額面金額より低い価額で発行した場合、発行会社での社債の貸借対照表価額は、償却原価法により計算した価額となる。

　①　（ア）正　　（イ）正
　②　（ア）正　　（イ）誤
　③　（ア）誤　　（イ）正
　④　（ア）誤　　（イ）誤

解答欄

【問2】　次の文章について、正誤の組み合わせとして正しいものを選びなさい。

> （ア）P社はA社の議決権の25％を所有している。また、P社の子会社であるS社は、A社の議決権の35％を所有している。このとき、A社はP社の関連会社である。
> （イ）P社はB社の議決権の45％を保有しており、かつ、B社の取締役会の構成は、P社の役員により過半数が占められている。このとき、B社はP社の子会社である。

　①　（ア）正　　（イ）正
　②　（ア）正　　（イ）誤
　③　（ア）誤　　（イ）正
　④　（ア）誤　　（イ）誤

解答欄

模擬問題②

【問3】 次の文章について、正誤の組み合わせとして正しいものを選びなさい。

(ア)子会社であっても、持分法を適用することがある。
(イ)関連会社であっても、持分法を適用しないことがある。

① （ア）正　　（イ）正
② （ア）正　　（イ）誤
③ （ア）誤　　（イ）正
④ （ア）誤　　（イ）誤

解答欄

【問4】 次の文章について、正誤の組み合わせとして正しいものを選びなさい。

(ア)直接法、間接法いずれの方法によった場合でも、営業活動によるキャッシュ・フローの金額は同じである。
(イ)間接法による場合には、投資活動によるキャッシュ・フローについても、収入と支出を相殺して純額で表示することができる。

① （ア）正　　（イ）正
② （ア）正　　（イ）誤
③ （ア）誤　　（イ）正
④ （ア）誤　　（イ）誤

解答欄

ビジネス会計検定試験 2 級　模擬問題と解答・解説

【問5】　次の文章について、正誤の組み合わせとして正しいものを選びなさい。

(ア) 経営者の過去における意思決定の成果が、キャッシュ・フローの面でどのように結実したのかは、投資活動によるキャッシュ・フローの区分をみることにより判断できる。
(イ) 財務活動によるキャッシュ・フローの区分には、企業の活動に必要な資金調達に関連する活動から生じるキャッシュ・フローに加えて、どのキャッシュ・フロー区分にも属さない活動によるキャッシュ・フローを含めて示される。

① (ア)正　　(イ)正
② (ア)正　　(イ)誤
③ (ア)誤　　(イ)正
④ (ア)誤　　(イ)誤

解答欄

【問6】　次の文章について、正誤の組み合わせとして正しいものを選びなさい。

(ア) キャッシュ・フロー計算書では、預入日から満期日までの期間が 1 か月の定期預金の預入れは、どのキャッシュ・フローの区分にも表示されない。
(イ) 預入日から満期日までの期間が 1 年の定期預金が満期を迎えたことによる収入は、財務活動によるキャッシュ・フローの区分に表示される。

① (ア)正　　(イ)正
② (ア)正　　(イ)誤
③ (ア)誤　　(イ)正
④ (ア)誤　　(イ)誤

解答欄

190

模擬問題②

【問7】 次の文章について、正誤の組み合わせとして正しいものを選びなさい。

(ア)株主資本等変動計算書の当期変動額の内容は、すべて当期の損益計算書に反映される。
(イ)株主資本等変動計算書の前期末残高と当期末残高は、前期末および当期末の貸借対照表の純資産の部の項目の残高と一致する。

① (ア)正　　(イ)正
② (ア)正　　(イ)誤
③ (ア)誤　　(イ)正
④ (ア)誤　　(イ)誤

解答欄

【問8】 次の文章について、正誤の組み合わせとして正しいものを選びなさい。

(ア)連単倍率が1倍以上であることは、企業集団の業績に子会社が貢献していることを意味する。
(イ)売上高の連単倍率が1倍を上回っていても、当期純利益の連単倍率が1倍未満となることがある。

① (ア)正　　(イ)正
② (ア)正　　(イ)誤
③ (ア)誤　　(イ)正
④ (ア)誤　　(イ)誤

解答欄

【問9】 次の文章について、正誤の組み合わせとして正しいものを選びなさい。

(ア)配当性向が100%未満である場合、株式益回りは配当利回りより大きくならない。
(イ)PBRは、必ず1倍以上になる。

① (ア)正　　(イ)正
② (ア)正　　(イ)誤
③ (ア)誤　　(イ)正
④ (ア)誤　　(イ)誤

解答欄

191

Ⅱ 次の【問1】〜【問11】の設問に答えなさい。

【問1】 次の文章の空欄（ア）と（イ）に当てはまる語句の適切な組み合わせを選びなさい。

金融商品取引法では、発行市場と流通市場に区分して、開示すべき書類について規定している。発行市場では、有価証券届出書の（ア）や、目論見書の（イ）を求めている。

① （ア）投資者への直接交付　　（イ）内閣総理大臣への提出
② （ア）内閣総理大臣への提出　（イ）投資者への直接交付
③ （ア）金融商品取引所への提出（イ）投資者への直接交付
④ （ア）投資者への直接交付　　（イ）金融商品取引所への提出

解答欄

【問2】 次の文章の空欄（ア）と（イ）に当てはまる語句の適切な組み合わせを選びなさい。

負債は、企業が負っている（ア）のうち貨幣額で測定可能なもののことをいい、法律上の債務とは必ずしも同じではない。（イ）のように法的債務でないものでも負債となるものがある。

① （ア）経済的負担（イ）貸倒引当金
② （ア）経済的負担（イ）修繕引当金
③ （ア）法的義務　（イ）修繕引当金
④ （ア）法的義務　（イ）繰延税金負債

解答欄

【問3】 次の文章の空欄（ア）と（イ）に当てはまる語句の適切な組み合わせを選びなさい。

持分法は、（ア）や関連会社の純資産および損益のうち、（イ）に帰属する部分の変動に応じて（イ）の投資の金額を毎期修正する方法である。

① （ア）連結子会社　　（イ）親会社
② （ア）連結子会社　　（イ）非支配株主
③ （ア）非連結子会社　（イ）親会社
④ （ア）非連結子会社　（イ）非支配株主

解答欄

模擬問題②

【問4】 次の文章の空欄（ア）と（イ）に当てはまる語句の適切な組み合わせを選びなさい。

キャッシュ・フロー計算書は、（ア）における現金及び現金同等物の収入と支出の状況を報告する計算書である。ここでいう現金は、手元現金と（イ）から構成される。

① （ア）期末時点　　　（イ）要求払預金
② （ア）期末時点　　　（イ）当座借越
③ （ア）一会計期間　　（イ）要求払預金
④ （ア）一会計期間　　（イ）当座借越

解答欄

【問5】 次の文章の空欄（ア）と（イ）に当てはまる数値の適切な組み合わせを選びなさい（単位：百万円）。

流動資産合計は36,000、有形固定資産の合計は48,000、無形固定資産の合計は2,000、投資その他の資産の合計は10,000、繰延資産はゼロである。固定負債の合計は72,000である。また、売上高は1,000,000、従業員数は1,200人である。このとき、資本集約率は（ア）、労働装備率は（イ）である。

① （ア）20　　（イ）24
② （ア）20　　（イ）40
③ （ア）80　　（イ）40
④ （ア）80　　（イ）48
⑤ （ア）96　　（イ）48

解答欄

【問6】 次の項目のうち、財務諸表が含まれる開示書類の個数を選びなさい。

ア. 有価証券届出書
イ. 有価証券報告書
ウ. 目論見書
エ. 臨時報告書
オ. 四半期報告書

①　1つ　　②　2つ　　③　3つ　　④　4つ　　⑤5つ

解答欄

193

ビジネス会計検定試験 2 級　模擬問題と解答・解説

【問7】　次の項目のうち、四半期報告書に含まれない項目を選びなさい。

ア. 四半期連結貸借対照表
イ. 四半期連結損益計算書
ウ. 四半期連結株主資本等変動計算書
エ. 四半期連結キャッシュ・フロー計算書

①　ア　　②　イ　　③　ウ　　④　エ　　⑤　なし

解答欄

【問8】　次の項目のうち、連結貸借対照表上、株主資本の区分に表示されない項目の個数を選びなさい。

ア. 資本剰余金
イ. 当期純利益
ウ. 非支配株主持分
エ. 自己株式
オ. 新株予約権

①　1つ　　②　2つ　　③　3つ　　④　4つ　　⑤　5つ

解答欄

【問9】　次の収益認識基準のうち、もっとも早い時点で収益を認識する基準を選びなさい。

①　検収基準
②　入荷基準
③　出荷基準
④　積載基準
⑤　引渡基準

解答欄

194

模擬問題②

【問10】 次の項目のうち、株主資本等変動計算書において株主資本の変動に該当する項目の個数を選びなさい。

ア. その他有価証券評価差額金の増加
イ. 自己株式の取得
ウ. 新株予約権の発行
エ. 新株の発行
オ. 剰余金の配当

① 1つ　② 2つ　③ 3つ　④ 4つ　⑤ 5つ

解答欄

【問11】 連結キャッシュ・フロー計算書の営業活動によるキャッシュ・フローの表示方法として間接法を採用した場合、次の項目のうち税金等調整前当期純利益に加算する項目の個数を選びなさい。ただし、営業活動によるキャッシュ・フローの区分に表示されるものに限るものとする。

ア. 減価償却費
イ. 投資有価証券評価損
ウ. 有形固定資産売却益
エ. 賞与引当金の増加額
オ. 棚卸資産の増加額
カ. 売上債権の減少額
キ. 支払利息

① 1つ　② 2つ　③ 3つ　④ 4つ　⑤ 5つ

解答欄

195

ビジネス会計検定試験2級　模擬問題と解答・解説

Ⅲ　次の【問1】～【問12】の設問に答えなさい。

【問1～問3共通】
　　次の資料により、【問1】～【問3】の設問に答えなさい。

	X社	Y社
発行済株式数	15,000百万株	120百万株
当期純利益	240,000百万円	3,000百万円
純資産額	6,000,000百万円	36,000百万円
1株当たり配当金	4円/株	10円/株
1株当たり株価	800円/株	750円/株

【問1】　次の文章のうち、正しいものを選びなさい。
①　X社のEPSとPERはY社より大きい。
②　X社のEPSはY社より小さいが、PERはX社のほうが大きい。
③　X社のEPSはY社より大きいが、PERはY社のほうが大きい。
④　X社のEPSとPERはY社よりも小さい。
⑤　X社とY社のEPSとPERはともに等しい。

解答欄 ☐

【問2】　次の文章のうち、正しいものを選びなさい。
①　X社のBPSとPBRはY社より大きい。
②　X社のBPSはY社より小さいが、PBRはX社のほうが大きい。
③　X社のBPSはY社より大きいが、PBRはX社のほうが小さい。
④　X社のBPSとPBRはY社よりも小さい。
⑤　X社とY社のBPSとPBRはともに等しい。

解答欄 ☐

【問3】　次の文章のうち、正しいものを選びなさい。
①　X社の時価総額と配当性向はY社より大きい。
②　X社の時価総額はY社より小さいが、配当性向はX社のほうが大きい。
③　X社の時価総額はY社より大きいが、配当性向はX社のほうが小さい。
④　X社の時価総額と配当性向はY社よりも小さい。
⑤　X社とY社の時価総額と配当性向はともに等しい。

解答欄 ☐

模擬問題②

【問4～問9共通】
　　　次の資料により、【問4】～【問9】の設問に答えなさい。なお、純資産を自己資本とみなす。

売上高 50,000百万円	販売費及び一般管理費 13,500百万円
売上高売上総利益率 42%	売上高経常利益率 12%
自己資本比率 25%	売上高税引前当期純利益率 6%
自己資本経常利益率 20%	株価収益率 20倍
1株当たり株価 1,800円	1株当たり純資産 1,200円

【問4】　営業利益は（ア）百万円である。空欄（ア）に当てはまる数値を選びなさい。
　①　7,000　　②　7,500　　③　8,000　　④　8,500
　⑤　9,000
解答欄

【問5】　1株当たり当期純利益は（イ）円である。空欄（イ）に当てはまる数値を選びなさい。
　①　60　　②　70　　③　80　　④　90　　⑤　100
解答欄

【問6】　総資本は（ウ）百万円である。空欄（ウ）に当てはまる数値を選びなさい。
　①　30,000　　②　60,000　　③　90,000　　④　120,000　　⑤　150,000
解答欄

【問7】　当期純利益は（エ）百万円である。空欄（エ）に当てはまる数値を選びなさい。
　①　1,750　　②　2,000　　③　2,250　　④　2,500　　⑤　2,750
解答欄

【問8】　時価総額は（オ）百万円である。空欄（オ）に当てはまる数値を選びなさい。
　①　45,000　　②　48,000　　③　51,000　　④　54,000　　⑤　57,000
解答欄

【問9】　総資本税引前当期純利益率は（カ）%である。空欄（カ）に当てはまる数値を選びなさい。
　①　1.5　　②　2.0　　③　2.5　　④　3.0
　⑤　3.5
解答欄

197

ビジネス会計検定試験 2 級　模擬問題と解答・解説

【問10～問12共通】
　　　次の資料により、連結キャッシュ・フロー計算書について【問
10】～【問12】の設問に答えなさい。連結キャッシュ・フロー計算
書は、計算によって求められる項目を除き、資料に記載されて
いる項目だけで構成されているものとする。また、各項目が資
金収支に対してプラス・マイナスのいずれであるかについては
項目の内容に応じて判断すること。なお、営業活動による
キャッシュ・フローは間接法により作成されており、資料には
連結キャッシュ・フロー計算書に無関係な項目も含まれている。
金額単位は百万円とする。

売上高 20,000	減価償却費 1,200
営業利益 4,500	経常利益 2,200
有形固定資産売却損 200	税金等調整前当期純利益 2,000
当期純利益 1,200	総資産 25,000
純資産 10,000	現金及び現金同等物の期首残高 400
棚卸資産の減少額 300	売上債権の増加額 400
仕入債務の減少額 200	
株式の発行による収入 1,800	有形固定資産の売却による収入 500
長期借入金の返済による支出 1,000	
法人税等の支払額 1,100	有形固定資産の取得による支出 1,700

【問10】　営業活動によるキャッシュ・フローを計算し、正しい数値を
　　　　選びなさい。
　　① 　1,700　　② 　1,800　　③ 　1,900　　④ 　2,000　　⑤ 　2,100

解答欄 _____

【問11】　投資活動によるキャッシュ・フローを計算し、正しい数値を
　　　　選びなさい。
　　① 　△2,200　　② 　△1,200　　③ 　△1,000　　④ 　1,000　　⑤ 　1,200

解答欄 _____

【問12】　財務活動によるキャッシュ・フローを計算し、正しい数値を
　　　　選びなさい。
　　① 　△2,700　　② 　△1,000　　③ 　800　　④ 　1,300　　⑤ 　1,800

解答欄 _____

模擬問題②

Ⅳ 製造業を営むZ社について、以下の〈資料〉により、【問1】～【問17】の設問に答えなさい。

　　分析にあたって、貸借対照表項目、発行済株式数、株価、従業員数は各期末値を用いることとする。

1．20X1年度の貸借対照表および損益計算書は、計算によって求められる項目を除き、資料Aに記載されている項目だけで構成されているものとする。

2．資料Bには20X1年度の関連数値を示している。20X2年度の貸借対照表および損益計算書は20X1年度と同じ項目から構成されているが、資料Cに記載したような環境変化が予想される。売上債権は20X1年度末、20X2年度末それぞれにおいて、すべて回収可能と判断している。

3．なお、以下でたとえば、現在の比率が3％のときに「現在よりも5％向上する」とは、3％×1.05＝3.15％ではなく、3％＋5％＝8％を意味する。また、「向上する」は、指標によって数値が大きくなることを指す場合と小さくなることを指す場合があり、「悪化する」も同様であるので、指標の解釈に従うこと。

＜資料A：20X1年度の貸借対照表および損益計算書の構成項目＞

（単位：百万円）

現金預金 600	受取手形 1,000	売掛金 1,400
棚卸資産 400	建物 800	機械装置 2,300
土地 1,200	建設仮勘定 400	ソフトウェア 300
投資有価証券 900	長期貸付金 700	支払手形 800
買掛金 1,200	短期借入金 400	長期借入金 1,100
社債 500	資本金 2,000	資本剰余金 1,000
利益剰余金 3,200	自己株式 300	
その他の包括利益累計額 100		売上高（　　）
期首製品棚卸高 200	当期製品製造原価 9,100	
期末製品棚卸高 300	売上原価（　　）	
販売費及び一般管理費 1,800		営業外収益 200
営業外費用 500	特別利益 100	特別損失 200

＜資料B：20X1年度の関連数値＞

総資本回転率 1.2回　　　　　発行済株式数 3百万株
1株当たり株価 3,150円　　　従業員数 300名
法人税、住民税及び事業税と法人税等調整額を合計すると、税引前当期純利益の40％となる。

199

ビジネス会計検定試験2級　模擬問題と解答・解説

<資料C：20X1年度と比べた20X2年度の環境変化>
1．売上高の伸び率は25％である。
2．売上高売上原価率は3％向上する。
3．流動負債の伸び率は25％である。
4．正味運転資本は900百万円増加する。
5．固定資産は1,000百万円増加する。
6．棚卸資産の伸び率は75％である。
7．20X2年度に新株1百万株を1株当たり2,000円で発行し、すべて
　　の払込みを受けた。発行価額の2分の1を資本金に組み入れた。
8．20X2年度の営業利益は2,300百万円である。
9．20X2年度のEPSは20X1年度と同値である。
10．20X2年度の特別損益の純額は280百万円の利益である。
11．20X2年度の法人税、住民税及び事業税と法人税等調整額を合計
　　すると、税引前当期純利益の50％である。
12．20X2年度末の1株当たり株価は3,200円である。
13．20X2年度の従業員1人当たり当期純利益は0.4百万円向上した。

【問1】 20X1年度の売上総利益は（ア）百万円である。空欄（ア）に当
てはまる数値を選びなさい。

① 2,200　② 2,600　③ 3,000　④ 3,400　⑤ 3,800

解答欄　□

【問2】 20X1年度末の当座比率は（イ）％である。空欄（イ）に当ては
まる数値を選びなさい。

① 60　② 75　③ 80　④ 100　⑤ 125

解答欄　□

【問3】 20X1年度の総資産経常利益率は（ウ）％である。空欄（ウ）に
当てはまる数値を選びなさい。

① 5　② 6　③ 7　④ 8　⑤ 9

解答欄　□

【問4】 20X1年度末の固定比率は（エ）％である。空欄（エ）に当ては
まる数値を選びなさい。

① 75　② 80　③ 100　④ 110　⑤ 150

解答欄　□

200

模擬問題②

【問5】 20X1年度の1株当たり配当額は40 円であった。配当性向は（オ）%である。空欄（オ）に当てはまる数値を選びなさい。
① 25　② 50　③ 75　④ 120　⑤ 400

解答欄

【問6】 20X1年度の経営資本営業利益率は（カ）%である。空欄（カ）に当てはまる数値を選びなさい。
① 5　② 8　③ 10　④ 12　⑤ 15　解答欄

【問7】 20X1年度の自己資本当期純利益率は（キ）%である。空欄（キ）に当てはまる数値を選びなさい。なお、純資産を自己資本とみなす。
① 5　② 8　③ 10　④ 12　⑤ 15　解答欄

【問8】 20X1 年度の売上原価の5分の4を変動費、売上原価の残りの部分と販売費及び一般管理費を固定費とし、営業損益計算までを対象として損益分岐点売上高を計算すると（ク）百万円である。空欄（ク）に当てはまる数値を選びなさい。
① 4,500　② 6,000　③ 7,500　④ 9,000　⑤ 10,500

解答欄

【問9】 【問8】の場合の損益分岐点比率は（ケ）%である。空欄（ケ）に当てはまる数値を選びなさい。
① 25　② 50　③ 75　④ 125　⑤ 133

解答欄

【問10】 20X2 年度については、売上原価の4分の3を変動費、売上原価の残りの部分と販売費及び一般管理費を固定費とし、営業損益計算までを対象として損益分岐点を計算すると、20X1年度に比べて経営安全率は（コ）する。空欄（コ）に当てはまる語句を選びなさい。
① 向上　② 悪化

解答欄

ビジネス会計検定試験 2 級　模擬問題と解答・解説

【問11】 20X2年度において、自己株式の取得や処分といった資本取引は、資料Cに記載されている以外にはなかった。20X2年度末の資本剰余金は（サ）百万円である。空欄（サ）に当てはまる数値を選びなさい。

① 0　② 1,000　③ 1,200　④ 2,000　⑤ 3,000

解答欄

【問12】 20X2年度末の固定長期適合率は（シ）％である。空欄（シ）に当てはまる数値を選びなさい。

① 60　② 75　③ 80　④ 120　⑤ 125

解答欄

【問13】 20X2年度末の当座比率は（ス）％である。空欄（ス）に当てはまる数値を選びなさい。

① 100　② 110　③ 120　④ 130　⑤ 140

解答欄

【問14】 20X2年度末の総資本回転率は（セ）回である。空欄（セ）に当てはまる数値を選びなさい。

① 0.6　② 0.8　③ 1.0　④ 1.2　⑤ 1.4

解答欄

【問15】 20X2年度の総資本経常利益率は（ソ）％である。空欄（ソ）に当てはまる数値を選びなさい。

① 8　② 10　③ 12　④ 14　⑤ 16　解答欄

【問16】 20X2年度末の時価総額は20X1 年度末の時価総額と比べて、（タ）百万円増加する。空欄（タ）に当てはまる数値を選びなさい。

① 960　② 1,280　③ 1,920　④ 2,560　⑤ 3,350

解答欄

【問17】 20X2年度末の従業員数は（チ）名になる。空欄（チ）に当てはまる数値を選びなさい。

① 280　② 310　③ 315　④ 320　⑤ 325

解答欄

ビジネス会計検定試験2級　模擬問題と解答・解説
解答・解説①

Ⅰ

【問1】解答：②

（イ）　会社法においても、<u>連結計算書類</u>の作成が求められます。

【問2】解答：②

（イ）　その他有価証券のうち、市場価格（時価）のあるものについては、<u>期末の時価が貸借対照表価額</u>になります。

【問3】解答：③

（ア）　自己株式は、貸借対照表の<u>純資産の部</u>に、<u>株主資本の控除項目</u>として表示されます。

【問4】解答：①

製造原価明細書では、当期総製造費用の内訳として、材料費、労務費、経費を示しています。当期総製造費用に期首仕掛品棚卸高を加算し、期末仕掛品棚卸高を減算することで、当期製品製造原価を表示しています。

【問5】解答：①

（ア）　持分法の定義どおりです。定義では、「投資会社」や「被投資会社」という表現が使われることもあるので覚えておきましょう。

【問6】解答：③

（ア）　連結損益計算書は、親会社と子会社の損益計算書を単純合算し、必要な連結調整を行うことで作成されます。したがって、連結損益計算書の売上高には、<u>親会社の持分比率にかかわりなく、子会社の売上高がすべて含まれます</u>（ただし、別途、連結会社間の売上・仕入の相殺（そうさい）は行われます）。非支配株主に帰属する部分については、収益と費用を差し引きした利益を非支配株主に帰属する利益として、連結損益計算書の末尾にて調整して表示します。

【問7】解答：④

（ア）　最終行は「現金及び現金同等物の期末残高」です。

（イ）　間接法で表示する場合、税金等調整前当期純利益からスタートして営業活動によるキャッシュ・フローが計算されるので、<u>非支配株主に帰属する利益についての調整は必要ありません</u>。

203

ビジネス会計検定試験 2 級　模擬問題と解答・解説

【問8】解答：①

（イ）　引当金の増減は、税金等調整前当期純利益に加算・減算の調整を行う項目です。しかし、企業の活動の実態としては、引当金を増加させても、キャッシュ・フローには何ら影響がありません。まぎらわしい表現となっているので注意が必要です。

【問9】解答：①

純資産は返済の必要がない資金の調達形態です。このため純資産が多く、負債が少ないほど長期的な財務は健全であると考えられます。

Ⅱ

【問1】解答：③

会計情報のもつ役割について問う問題です。利害調整機能と投資判断情報提供機能の2つがあります。それぞれ、成果配分支援機能、意思決定支援機能といわれることもあります。

【問2】解答：②

親会社、子会社、関連会社の定義に関する典型的な問題です。「支配」と「重要な影響」がキーワードです。

【問3】解答：④

償却原価法の理解を問う問題です。計算させる形式での問題は出題しにくいと予想されるので、設問のような空欄補充や、記述内容の正誤を問う問題に対応できるようにしておきましょう。

【問4】解答：①

連結株主資本等変動計算書の構造を問う問題です。株主資本の項目と、それ以外の項目とでは、変動要因についての記載の方法が異なることを理解しておきましょう。

【問5】解答：②

現金及び現金同等物に関する典型問題です。当座預金と通知預金は要求払預金であり、現金に該当します。定期預金は、要求払預金に該当しませんが、預入日から満期日が3か月以内のものは、現金同等物に含まれます。市場性のある株式は、価値の変動についてのリスクが少ないとはいえないため、現金同等物には該当しません。当座借越は、負の現金同等物として、現金及び現金同等物に含まれます。

204

解答・解説①

【問6】 解答：③

負ののれん発生益、売上債権の増加額、有形固定資産売却益も税金等調整前当期純利益に対する調整項目ですが、いずれも減算される項目です。「加算する項目」と問われていることに注意しましょう。

【問7】 解答：①

売上原価＝期首製品棚卸高400百万円＋当期製品製造原価5,400百万円
　　　　　－期末製品棚卸高600百万円＝5,200百万円

【問8】 解答：③

負債＝電子記録債務（流動負債）60百万円＋コマーシャル・ペーパー（流動負債）160百万円＝220百万円

なお、社債発行費は繰延資産、非支配株主持分は純資産、貸倒引当金は流動資産または投資その他の資産の控除項目です。また、繰延税金資産は投資その他の資産に該当します。

【問9】 解答：①

株主資本＝資本金100百万円＋資本剰余金60百万円＋利益剰余金50
　　　　　百万円－自己株式20百万円＝190百万円

自己株式は控除項目であるため、マイナスすることに注意しましょう。なお、新株予約権、為替換算調整勘定、その他有価証券評価差額金は、純資産には含まれますが、株主資本には該当しません。

【問10】 解答：②

親会社株主に帰属する当期純利益
　＝税金等調整前当期純利益4,000百万円－（法人税、住民税及び事業税1,800百万円－法人税等調整額300百万円）－非支配株主に帰属する当期純利益200百万円＝2,300百万円

非支配株主に帰属する当期純利益は、子会社の利益のうち非支配株主に帰属する部分であるため、損益計算書で控除することに注意しましょう。なお、持分法による投資利益は営業外収益、のれん償却額は販売費及び一般管理費の項目です。

【問11】 解答：③

非支配株主に帰属する当期純利益は、親会社株主に帰属する当期純利益の直前に表示されます。

205

ビジネス会計検定試験 2 級　模擬問題と解答・解説

Ⅲ

【問1】～【問3】

資料の空欄部分を補充すると、連結貸借対照表の概要は次のとおりとなります。

（単位：百万円）

A社			
流動資産（4,000）…①		流動負債 3,000	
		固定負債 3,300	
固定資産 6,300			
繰延資産 200		純資産 4,200	

B社			
流動資産 7,500		流動負債 3,200	
		固定負債 5,800	
固定資産 7,200			
繰延資産 300		純資産（6,000）…②	

①…流動資産＝（流動負債3,000＋固定負債3,300＋純資産4,200）－（固定資産6,300＋繰延資産200）
②…純資産＝（流動資産7,500＋固定資産7,200＋繰延資産300）－（流動負債3,200＋固定資産5,800）

【問1】解答：④

（ア）　売上高売上原価率＝売上原価÷売上高×100＝（売上高－売上総利益）÷売上高×100

A社：（7,000百万円－1,750百万円）÷7,000百万円×100＝75%

←A社のほうが低い

B社：（12,500百万円－2,500百万円）÷12,500百万円×100＝80%

（イ）　総資本回転率＝売上高÷総資本＝売上高÷（流動負債＋固定負債＋純資産）

A社：7,000百万円÷（3,000百万円＋3,300百万円＋4,200百万円）≒0.66回　　　　　　　←A社のほうが低い

B社：12,500百万円÷（3,200百万円＋5,800百万円＋6,000百万円）≒0.83回

【問2】解答：②

（ア）　自己資本当期純利益率＝当期純利益÷自己資本（純資産）×100

A社：840百万円÷4,200百万円×100＝20%　←A社のほうが高い

B社：900百万円÷6,000百万円×100＝15%

（イ）　自己資本比率＝純資産÷総資本×100

A社：4,200百万円÷（3,000百万円＋3,300百万円＋4,200百万円）×100＝40%

B社：6,000百万円÷（3,200百万円＋5,800百万円＋6,000百万円）×100＝40%　　　　　　←A社・B社とも同じ

【問3】解答：①

（ア）　固定比率＝固定資産÷純資産×100

A社：6,300百万円÷4,200百万円×100＝150%

解答・解説①

←A社のほうが高い

B社：7,200百万円÷6,000百万円×100＝120％

（イ）　正味運転資本＝流動資産－流動負債

A社：4,000百万円－3,000百万円＝1,000百万円

←A社のほうが小さい

B社：7,500百万円－3,200百万円＝4,300百万円

【問4】解答：①

ウ．棚卸資産の回転期間が短いことは、棚卸資産の<u>運用効率が良好で</u>あることを意味します。

エ．総資本事業利益率は、総資本に対する収益性（運用効率）を示すものであるため、<u>自己資本の運用効率の良否については不明で</u><u>す</u>。

【問5】解答：④

ア．経営資本営業利益率＝営業利益÷経営資本×100

営業利益＝経常利益1,000百万円＋営業外費用400百万円－営業外収益200百万円＝1,200百万円

経営資本＝資産総額7,500百万円－建設仮勘定500百万円－投資その他の資産900百万円－繰延資産100百万円＝6,000百万円

経営資本営業利益率＝営業利益1,200百万円÷経営資本6,000百万円×100＝<u>20％</u>

イ．当座比率＝当座資産÷流動負債×100

当座資産＝現金預金100百万円＋受取手形300百万円＋売掛金400百万円＋売買目的有価証券200百万円＝1,000百万円

当座比率＝当座資産1,000百万円÷流動負債2,000百万円×100＝50％

ウ．棚卸資産回転期間＝棚卸資産800百万円÷（売上高年額12,000百万円÷12）＝<u>0.8か月</u>

エ．手元流動性比率＝手元流動性÷（売上高年額÷12）

手元流動性＝現金預金100百万円＋売買目的有価証券200百万円＝300百万円

手元流動性比率＝手元流動性300百万円÷（売上高年額12,000百万円÷12）＝0.3か月

【問6】解答：④

（ア）　短期の支払能力を評価するうえでは、当座比率の値は<u>大きいほ</u><u>う</u>が望ましいです。

（イ）　「流動資産＞当座資産」の関係が成り立つため、当座比率（当座資産÷流動負債×100）に比べて、<u>流動比率（流動資産÷流動負債</u>

207

ビジネス会計検定試験 2 級　模擬問題と解答・解説

×100)のほうが大きくなります。

【問7】 解答：④

（ア）　正味運転資本は流動資産 − 流動負債で求めます。流動資産が一定で、正味運転資本が増加するということは、流動負債が減少していることを意味するため、流動比率は高くなります。

（イ）手元流動性（現金預金 + 売買目的有価証券）が増加すると、当座資産は増加します。他の条件が同じであれば、当座比率（当座資産 ÷ 流動負債 ×100）は高くなります。

【問8】 解答：①

　①〜⑤はいずれも、営業活動によるキャッシュ・フローを間接法により表示するさいの調整項目ですが、△（マイナス）の項目は①だけです。

【問9】 解答：③

　投資有価証券売却損は、営業活動に関連しない損失です。営業活動によるキャッシュ・フローを間接法により表示する場合には、損失の金額を税金等調整前当期純利益に加算して調整します。△は付けずに表示します。

【問10】 解答：③

　連結キャッシュ・フロー計算書の空欄を補充すると、次のとおりとなります。

（単位：百万円）

I 営業活動によるキャッシュ・フロー	
税金等調整前当期純利益	23,000
減価償却費	4,000
（ア　棚卸資産の増加額　　　）	△800
投資有価証券売却損	（イ　　　300）
支払利息	（　　　200）
小　計	（ウ　26,700）
利息の支払額	（　　△300）
法人税等の支払額	△12,400
営業活動によるキャッシュ・フロー	（　14,000）

　連結損益計算書に計上されている支払利息 200 は、営業活動に関連しない費用です。そこで、「小計」欄で本来の営業キャッシュ・フローを示すために、税金等調整前当期純利益に対する調整として、この支払利息をいったん加算します。

　23,000 + 4,000 − 800 + 300 + 200 = 26,700・・・小計

208

解答・解説①

　実際に利払いのために支出した金額△ 300 については、「小計」欄の下の箇所で利息の支払額として記載します。

【問11】解答：③
　株価純資産倍率＝１株当たり株価÷１株当たり純資産額
　１株当たり純資産額＝純資産額600,000百万円÷発行済株式数4,000
　　　　　　　　　　　百万株＝150円
　株価純資産倍率＝１株当たり株価900円÷１株当たり純資産額150百万
　　　　　　　　　円＝６倍

【問12】解答：①
　配当利回り＝１株当たり配当額÷１株当たり株価×100
　１株当たり配当額＝配当総額36,000百万円÷発行済株式数4,000百万株
　　　　　　　　　＝９円
　配当利回り＝１株当たり配当額９円÷１株当たり株価900円×100＝
　　　　　　　1.0％

【問13】解答：④
　時価総額＝１株当たり株価900円×発行済株式数4,000百万円＝
　　　　　　3,600,000百万円

Ⅳ

【問１】解答：②	【問２】解答：⑤	【問３】解答：④
【問４】解答：①	【問５】解答：①	【問６】解答：③
【問７】解答：②	【問８】解答：⑤	【問９】解答：③
【問10】解答：④	【問11】解答：②	【問12】解答：②
【問13】解答：⑤	【問14】解答：①	【問15】解答：④
【問16】解答：③		

　設問を順番に解くことでは解答に至りません。今年度実績、３年後計画のそれぞれの貸借対照表、損益計算書の項目について、資料から判明する部分を順に埋めていくことが必要な形式となっています。

【問１】～【問15】
　今年度実績と３年後計画の貸借対照表、損益計算書の各項目については、資料の情報から、次のとおりであることが判明します。

ビジネス会計検定試験 2 級　模擬問題と解答・解説

要約貸借対照表　　　　　　　　　　　　　　　　　　（単位：百万円）

項目	今年度実績		3 年後計画	
流動資産		44,000	⑱（ク	100,000）
現金預金		5,000	㉘	19,000
売上債権	㉖	24,000	㉗（ケ	36,000）
棚卸資産	㉔	15,000	㉕（コ	45,000）
固定資産	⑥（ア	56,000）	⑰（サ	80,000）
有形固定資産		36,000	③	70,000
投資その他の資産	⑦	20,000	⑬	10,000
資産合計	⑤	100,000		180,000
流動負債	⑨	44,000	㉚	80,000
仕入債務		24,000	㉙（シ	30,000）
短期借入金	⑩（イ	20,000）		50,000
固定負債（長期借入金）	⑲（ウ	47,500）	⑳	48,000
負債合計	㉑	91,500	㉛	128,000
資本金		3,000	④	30,000
利益剰余金	㉓（エ	5,500）	㉝	22,000
純資産合計	㉒	8,500	㉜（ス	52,000）
負債・純資産合計	⑤（オ	100,000）	⑧	180,000

要約損益計算書　　　　　　　　　　　　　　　　　　（単位：百万円）

項目	今年度実績		3 年後計画	
売上高		120,000	①	180,000
売上原価				
販売費及び一般管理費				
営業利益	⑪（カ	10,800）		21,600
営業外収益	⑫	600	⑭（セ	300）
営業外費用	⑮（キ	2,400）	⑯	3,900
経常利益		9,000	②（ソ	18,000）
（以下、省略）				

①：**資料2より**
　　今年度売上高120,000百万円×1.5＝180,000百万円
②：**資料3より**
　　今年度売上高経常利益率＝今年度経常利益9,000百万円÷今年度売
　　　　　　　　　　　　　上高120,000百万円×100＝7.5％
　　3 年後売上高経常利益率＝7.5％＋2.5％＝10％
　　3 年後経常利益＝3 年後売上高180,000百万円×3 年後売上高経常
　　　　　　　　　　利益率10％＝18,000百万円……ソ

210

解答・解説①

③：**資料4より**
3年後有形固定資産＝今年度有形固定資産36,000百万円＋34,000百万円＝70,000百万円

④：**資料5より**
3年後資本金＝今年度資本金3,000百万円＋27,000百万円＝30,000百万円

⑤：**資料6より**
今年度総資本（総資産）＝今年度売上高120,000百万円÷回転率1.2＝100,000百万円……オ

⑥：今年度固定資産＝今年度総資産100,000百万円－今年度流動資産44,000百万円＝56,000百万円……ア

⑦：今年度投資その他の資産＝今年度固定資産56,000百万円－今年度有形固定資産36,000百万円＝20,000百万円

⑧：**資料6より**
3年後負債・純資産合計＝3年後売上高180,000百万円÷回転率1.0＝180,000百万円

この箇所については、総資産＝負債・純資産合計の関係からも判明します。

⑨：**資料7より**
流動比率＝流動資産÷流動負債×100％
今年度流動負債＝今年度流動資産44,000百万円÷流動比率100％＝44,000百万円

⑩：今年度短期借入金＝今年度流動負債44,000百万円－今年度仕入債務24,000百万円
＝20,000百万円……イ

⑪：**資料8より**
3年後売上高営業利益率＝3年後営業利益21,600百万円÷3年後売上高180,000百万円×100＝12％
今年度売上高営業利益率＝3年後売上高営業利益率12％－3％＝9％
今年度営業利益＝今年度売上高120,000百万円×今年度売上高営業利益率9％＝10,800百万円……カ

⑫**資料10より**
今年度営業外収益＝今年度投資その他の資産20,000百万円×3％＝600百万円

⑬：**資料10より**
3年後投資その他の資産＝今年度投資その他の資産20,000百万円×50％＝10,000百万円

211

⑭：**資料10より**

3年後営業外収益＝3年後投資その他の資産10,000百万円×3％＝
300百万円……セ

⑮：**損益計算書の差引計算より算出**

今年度営業外費用＝今年度営業利益10,800百万円＋今年度営業外収
益600百万円－今年度経常利益9,000百万円＝
2,400百万円……キ

⑯：**損益計算書の差引計算より算出**

3年後営業外費用＝3年後営業利益21,600百万円＋3年後営業外収
益300百万円－3年後経常利益18,000百万円＝
3,900百万円

⑰：3年後固定資産＝3年後有形固定資産70,000百万円＋3年後投資そ
の他の資産10,000百万円＝80,000百万円……サ

⑱：3年後流動資産＝3年後総資産180,000百万円－3年後固定資産
80,000百万円＝100,000百万円……ク

⑲：**資料11より**

今年度短期借入金利息＝今年度短期借入金20,000百万円×利率2.5
％＝500百万円

今年度長期借入金利息＝今年度営業外費用2,400百万円－今年度短
期借入金利息500百万円＝1,900百万円

今年度長期借入金＝今年度長期借入金利息1,900百万円÷利率4.0％
＝47,500百万円……ウ

⑳：**資料11より**

3年後短期借入金利息＝3年後短期借入金50,000百万円×利率3.0
％＝1,500百万円

3年後長期借入金利息＝3年後営業外費用3,900百万円－3年後短
期借入金利息1,500百万円＝2,400百万円

3年後長期借入金＝3年後長期借入金利息2,400百万円÷利率5.0％
＝48,000百万円

㉑：今年度負債合計＝今年度流動負債44,000百万円＋今年度固定負債
47,500百万円＝91,500百万円

㉒：今年度純資産＝今年度総資本100,000百万円－今年度負債合計
91,500百万円＝8,500百万円

㉓：今年度利益剰余金＝今年度純資産8,500百万円－今年度資本金3,000
百万円＝5,500百万円……エ

㉔：**資料12より**

今年度棚卸資産＝今年度売上高120,000百万円÷棚卸資産回転率8
＝15,000百万円

㉕：資料12より

　　3年後棚卸資産＝3年後売上高180,000百万円÷棚卸資産回転率4
　　　　　　　　＝45,000百万円……コ

㉖：今年度流動資産の差引計算により算出

　　売上債権＝今年度流動資産44,000百万円－現金預金5,000百万円－
　　　　　　棚卸資産15,000百万円＝24,000百万円

㉗：資料13より

　　今年度売上債権回転率＝今年度売上高120,000百万円÷今年度売上
　　　　　　　　　　　　　債権24,000百万円＝5回

　　3年後売上債権＝3年後売上高180,000百万円÷今年度売上債権回
　　　　　　　　　転率5回＝36,000百万円……ケ

㉘：3年後流動資産の差引計算により算出

　　3年後現金預金＝3年後流動資産100,000百万円－3年後売上債権
　　　　　　　　　36,000百万円－3年後棚卸資産45,000百万円＝
　　　　　　　　　19,000百万円

㉙：資料14より

　　3年後仕入債務＝3年後売上高180,000百万円÷仕入債務回転率6回
　　　　　　　　　＝30,000百万円……シ

㉚：3年後流動負債＝3年後仕入債務30,000百万円＋3年後短期借入金
　　　　　　　　　50,000百万円＝80,000百万円

㉛：3年後負債合計＝3年後流動負債80,000百万円＋3年後固定負債
　　　　　　　　　48,000百万円＝128,000百万円

㉜：3年後純資産＝3年後総資本180,000百万円－3年後負債合計
　　　　　　　　128,000百万円＝52,000百万円……ス

㉝：3年後利益剰余金＝3年後純資産52,000百万円－3年後資本金
　　　　　　　　　　30,000百万円＝22,000百万円

　　なお、以上の順序により空欄を補充することで、資料15の条件を
使わなくても回答が可能です。

【問16】

資料9より

　　3年後の従業員数＝3年後売上高180,000百万円÷3年後従業員1
　　　　　　　　　　人当たり売上高150百万円＝1,200人

ビジネス会計検定試験2級　模擬問題と解答・解説

解答・解説②

I

【問1】 解答：①

棚卸資産の評価に関する出題では、とくに、低価法が採用されることと、時価として正味売却価額を用いることを押さえておきましょう。なお、償却原価法は、社債の発行会社においても適用されます。

【問2】 解答：③

（ア）　直接所有25％と子会社S社による間接所有35％をあわせて、A社の議決権の60％を所有しているため、A社はP社の子会社に該当します。

【問3】 解答：①

非連結子会社には、原則として持分法が適用されます。なお、非連結子会社と関連会社のうち、連結財務諸表に与える影響が小さい場合には、持分法が適用されないことがあります。

【問4】 解答：②

（イ）　直接法と間接法の区分は、営業活動によるキャッシュ・フローの表示方法にかかわるものです。投資活動によるキャッシュ・フローや財務活動によるキャッシュ・フローの表示方法とは関係がありません。なお、投資活動によるキャッシュ・フローと財務活動によるキャッシュ・フローは、収入の項目と支出の項目を相殺せず、総額で表示することが原則です。

【問5】 解答：④

（ア）　経営者の過去における意思決定の成果が、キャッシュ・フローの面でどのように結実したのかが判断できるのは、営業活動によるキャッシュ・フローです。

（イ）　どのキャッシュ・フロー区分にも属さない活動によるキャッシュ・フローは、営業活動によるキャッシュ・フローの区分の小計欄より下に表示されます。

【問6】 解答：②

（ア）　預入日から満期日までの期間が1か月の定期預金は、現金同等物に該当します。預入れは、現金及び現金同等物のなかでの変動であるため、キャッシュ・フロー計算書には表示されません。

（イ）　預入日から満期日までの期間が1年の定期預金の満期による収入は、投資活動によるキャッシュ・フローの区分に表示されます。

【問7】 解答：③

（ア） 株主資本の変動には、資本金や資本剰余金の変動など、損益計算書には反映されないものがあります。

【問8】 解答：①

（イ） 連結子会社のうち、当期純利益が赤字（マイナス）の会社がある場合には、当期純利益の連単倍率が1倍未満となることがあります。

【問9】 解答：④

（ア） 配当性向が100％未満であるということは、「配当総額＜当期純利益」であることを意味します。このときには、株式益回りは配当利回りより大きくなります。

（イ） PBR は株価純資産倍率です。株価水準によっては、1倍を下回ることがあります。

Ⅱ

【問1】 解答：②

金融商品取引法による開示書類の分類について問う問題です。発行市場、流通市場という語句も押さえておきましょう。

【問2】 解答：②

負債の定義について問う問題です。法律上の債務との関係からは、「確定債務」「条件付債務」「法的債務でない負債」に分類されることを理解しましょう。また、貸倒引当金は評価性引当金であり、負債にはあたりません。

【問3】 解答：③

持分法の定義に関する典型的な問題です。確実に押さえておきましょう。

【問4】 解答：③

定期預金は期限の定めがあるため、要求払預金には該当しません。ただし、預入日から満期日までの期間が短いもの（通常は3か月以内）については、現金同等物としてキャッシュの範囲に含まれます。

【問5】 解答：③

（ア） 資本集約率＝総資産÷従業員数
総資産＝流動資産36,000百万円＋有形固定資産48,000百万円＋

無形固定資産2,000百万円+投資その他の資産10,000百万円+繰延資産0百万円=96,000百万円
資本集約率=総資産96,000百万円÷従業員数1,200人=80百万円
（イ）労働装備率=有形固定資産48,000百万円÷従業員数1,200人=40百万円

【問6】解答：④
臨時報告書には、通常、財務諸表は含まれません。

【問7】解答：③
株主資本等変動計算書は、四半期での開示は求められていません。なお、四半期報告書では、連結財務諸表を開示している場合には、個別財務諸表の開示は必要ありません。

【問8】解答：③
当期純利益は損益計算書の項目です。また、非支配株主持分と新株予約権は純資産の項目ですが、株主資本とは独立した項目として表示されます。

【問9】解答：③
「（自社からの）出荷→（船などへの）積載→引渡し→（相手方倉庫への）入荷→検収」の順であることを確認しておきましょう。

【問10】解答：③
その他有価証券評価差額金と新株予約権は株主資本の項目ではないため、その増減は株主資本の変動には該当しません。

【問11】解答：⑤
有形固定資産売却益と棚卸資産の増加額は、税金等調整前当期純利益に対して減算の調整を行うため該当しません。なお、支払利息は、連結損益計算書に計上されている支払利息の金額を税金等調整前当期純利益に加算します。この加算を行ったのち、資金収支ベースでの実際の利払額を「利息の支払額」という支出項目により記載します。

【問1】解答：②
EPS=当期純利益÷発行済株式数
　X社：240,000百万円÷15,000百万株=16円/株←X社のほうが小さい
　Y社：3,000百万円÷120百万株=25円/株
PER=1株当たり株価÷EPS

解答・解説②

X社：800円/株÷16円/株＝50倍←X社のほうが大きい
Y社：750円/株÷25円/株＝30倍

【問2】解答：③

BPS＝純資産÷発行済株式数
　X社：6,000,000百万円÷15,000百万株＝400円/株←X社のほうが大きい
　Y社：36,000百万円÷120百万株＝300円/株
PBR＝1株当たり株価÷BPS
　X社：800円/株÷400円/株＝2倍←X社のほうが小さい
　Y社：750円/株÷300円/株＝2.5倍

【問3】解答：③

時価総額＝1株当たり株価×発行済株式数
　X社：800円/株×15,000百万株＝12,000,000百万円
　　　　　　　　　　　　　　　　　　←X社のほうが大きい
　Y社：750円/株×120百万株＝90,000百万円
配当性向＝1株当たり配当金÷EPS×100
　X社：4円/株÷16円/株×100＝25%　←X社のほうが小さい
　Y社：10円/株÷25円/株×100＝40%

【問4】解答：②

営業利益＝売上総利益－販売費及び一般管理費
　　　　＝売上高50,000百万円×売上高売上総利益率42%－販売費
　　　　　及び一般管理費13,500百万円＝7,500百万円

【問5】解答：④

1株当たり当期純利益＝1株当たり株価÷株価収益率
　　　　　　　　　　＝1,800円÷20倍＝90円

【問6】解答：④

総資本＝自己資本÷自己資本比率
自己資本＝経常利益÷自己資本経常利益率
経常利益＝売上高50,000百万円×売上高経常利益率12%＝6,000百万円
自己資本＝経常利益6,000百万円÷自己資本経常利益率20%＝30,000百万円
総資本＝自己資本30,000百万円÷自己資本比率25%＝120,000百万円

【問7】解答：③

当期純利益＝1株当たり当期純利益×発行済株式数
発行済株式数＝純資産（自己資本）30,000百万円÷1株当たり純資産
　　　　　　　1,200円＝25百万株
当期純利益＝1株当たり当期純利益90円×発行済株式数25百万株＝

217

ビジネス会計検定試験2級　模擬問題と解答・解説

　　　　　　2,250百万円

【問8】解答：①

時価総額＝1株当たり株価1,800円×発行済株式数25百万株＝45,000百万円

【問9】解答：③

総資本税引前当期純利益率＝税引前当期純利益÷総資本×100
税引前当期純利益＝売上高50,000百万円×売上高税引前当期純利益率
　　　　　　　　　6％＝3,000百万円
総資本税引前当期純利益率＝税引前当期純利益3,000百万円÷総資本
　　　　　　　　　　　　　120,000百万円×100＝2.5％

【問10】～【問12】

　　資料から連結キャッシュ・フロー計算書を作成すると、次のとおり
となります。なお、有形固定資産売却損は、営業活動に関連しない損
失項目であるため、税金等調整前当期純利益に加算されます。

（単位：百万円）

項目	金額	
Ⅰ 営業活動によるキャッシュ・フロー		
税金等調整前当期純利益	2,000	
減価償却費	1,200	
有形固定資産売却損	200	
棚卸資産の減少額	300	
売上債権の増加額	△400	
仕入債務の減少額	△200	
小計	3,100	
法人税等の支払額	△1,100	
営業活動によるキャッシュ・フロー	2,000	←【問10】解答：④
Ⅱ 投資活動によるキャッシュ・フロー		
有形固定資産の売却による収入	500	
有形固定資産の取得による支出	△1,700	
投資活動によるキャッシュ・フロー	△1,200	←【問11】解答：②
Ⅲ 財務活動によるキャッシュ・フロー		
株式の発行による収入	1,800	
長期借入金の返済による支出	△1,000	
財務活動によるキャッシュ・フロー	800	←【問12】解答：③
Ⅳ 現金及び現金同等物の当期増加額	1,600	
Ⅴ 現金及び現金同等物の期首残高	400	
Ⅵ 現金及び現金同等物の期末残高	2,000	

解答・解説②

Ⅳ

　設問を順番に解くことでは解答に至りません。20X1年度、20X2年度それぞれの貸借対照表、損益計算書の項目について、資料から判明する部分を順に埋めていくことが必要な形式となっています。

　なお、設問では、貸借対照表の項目、損益計算書の項目を、おおよそ区分して与えていますが、実際の検定試験2級では、これらの項目をランダムに並べて与える形式で出題されることもあります。

【問1】～【問9】

　20X1年度の貸借対照表、損益計算書から求めることができます。資料A・Bの情報を整理すると、次ページのとおりであることが判明します。

ビジネス会計検定試験2級　模擬問題と解答・解説

（単位：百万円）

20X1年　貸借対照表			20X1年　損益計算書		
流動資産	1	3,400	売上高	2	12,000
現金預金		600	売上原価		
受取手形		1,000	期首製品棚卸高	1	200
売掛金		1,400	当期製品製造原価		9,100
棚卸資産		400	計		9,300
固定資産		6,600	期末製品棚卸高		300
有形固定資産		4,700	売上原価		9,000
建物		800	売上総利益	3	3,000
機械装置		2,300	販売費及び一般管理費	1	1,800
土地		1,200	営業利益	3	1,200
建設仮勘定		400	営業外収益	1	200
無形固定資産		300	営業外費用		500
ソフトウェア		300	経常利益	3	900
投資その他の資産		1,600	特別利益	1	100
投資有価証券		900	特別損失		200
長期貸付金		700	税引前当期純利益	3	800
資産合計		10,000	法人税等（純額）	4	320
流動負債		2,400	当期純利益	5	480
支払手形		800			
買掛金		1,200			
短期借入金		400			
固定負債		1,600			
長期借入金		1,100			
社債		500			
負債合計		4,000			
株主資本		5,900			
資本金		2,000			
資本剰余金		1,000			
利益剰余金		3,200			
自己株式		△300			
その他の包括利益累計額		100			
純資産合計		6,000			
負債・純資産合計		10,000			

【問1】解答：③

3: 差引計算により算出
　売上総利益
　　＝売上高12,000
　　　－売上原価9,000＝3,000
　営業利益
　　＝売上総利益3,000
　　　－販売費及び一般管理費計1,800
　　＝1,200
　経常利益
　　＝営業利益1,200＋営業外収益200
　　　－営業外費用500＝900
　税引前当期純利益
　　＝経常利益900＋特別利益100
　　　－特別損失200＝800

4: 資料Bより
　法人税等（純額）
　　＝税引前当期純利益800×40％＝320

1: 資料Aより

2: 資料Bより
　売上高＝総資本（総資産）10,000
　　　　　×総資本回転率1.2＝12,000

5: 差引計算により算出
　当期純利益＝税引前当期純利益800
　　　　　　　－法人税等（純額）320＝480

【問2】解答：⑤

当座比率＝当座資産÷流動負債×100
　　　　＝（現金預金600百万円＋受取手形1,000百万円＋売掛金1,400百万
　　　　　円）÷流動負債2,400百万円×100＝125％

【問3】解答：⑤

総資産経常利益率＝経常利益900百万円÷総資産10,000百万円×100＝9％

解答・解説②

【問4】解答：④

固定比率＝固定資産6,600百万円÷純資産6,000百万円×100＝110％

【問5】解答：①

配当性向＝配当総額÷当期純利益×100
　　　　＝（1株当たり配当額40円×発行済株式数3百万株（資料B
　　　　　より））÷当期純利益480×100＝25％

【問6】解答：⑤

経営資本＝総資産10,000百万円－（建設仮勘定400百万円＋投資その他
　　　　の資産1,600百万円）＝8,000百万円
経営資本営業利益率＝営業利益1,200百万円÷経営資本8,000百万円
　　　　　　　　　　×100＝15％

【問7】解答：②

自己資本当期純利益率＝当期純利益480百万円÷自己資本（純資産）
　　　　　　　　　　6,000百万円×100＝8％

【問8】解答：④

変動費＝売上原価9,000百万円×4／5＝7,200百万円
固定費＝売上原価9,000百万円－変動費7,200百万円＋販売費及び一般
　　　　管理費1,800百万円＝3,600百万円
限界利益率＝（売上高12,000百万円－変動費7,200百万円）÷売上高
　　　　　　12,000百万円×100＝40％
損益分岐点売上高＝固定費3,600百万円÷限界利益率40％＝9,000百万円

【問9】解答：③

損益分岐点比率＝損益分岐点売上高9,000百万円÷売上高12,000百万円
　　　　　　　　×100＝75％

【問10】～【問17】

　解答に必要な項目は、20X2年度の貸借対照表、損益計算書のうち、
資料Cの情報から導くことが必要です。①～⑰の順序で判明します。

第1章
第2章
第3章
第4章
第5章
第6章
第7章
第8章
第9章
第10章

221

ビジネス会計検定試験 2 級　模擬問題と解答・解説

貸借対照表

（単位：百万円）

項目	20X1年	20X2年	項目	20X1年	20X2年
流動資産	3,400	⑤ 4,900	流動負債	2,400	④ 3,000
現金預金	600	⑧ 当座資産 4,200	支払手形	800	
受取手形	1,000		買掛金	1,200	
売掛金	1,400		短期借入金	400	
棚卸資産	400	⑦ 700	固定負債	1,600	
固定資産	6,600	⑥ 7,600	長期借入金	1,100	
有形固定資産	4,700		社債	500	
建物	800		負債合計	4,000	
機械装置	2,300		株主資本	5,900	
土地	1,200		資本金	2,000	⑩ 3,000
建設仮勘定	400		資本剰余金	1,000	⑪ 2,000
無形固定資産	300		利益剰余金	3,200	
ソフトウェア	300		自己株式	△300	
投資その他の資産	1,600		その他の包括利益累計額	100	
投資有価証券	900		純資産合計	6,000	
長期貸付金	700				
資産合計	10,000	⑨ 12,500	負債・純資産合計	10,000	⑨ 12,500

【問11】解答：④

損益計算書

（単位：百万円）

	20X1年	20X2年
売上高	12,000	① 15,000
売上原価		
期首製品棚卸高	200	
当期製品製造原価	9,100	
計	9,300	
期末製品棚卸高	300	
売上原価	9,000	② 10,800
売上総利益	3,000	③ 4,200
販売費及び一般管理費	1,800	⑬ 1,900
営業利益	1,200	⑫ 2,300
営業外収益	200	
営業外費用	500	
経常利益	900	⑰ 1,000
特別利益	100	⑮ 純額(利益)
特別損失	200	280
税引前当期純利益	800	⑯ 1,280
法人税等（純額）	320	
当期純利益	480	⑭ 640

①：**資料C1より**
　　20X2年度の売上高
　　　＝20X1年度の売上高12,000百万円×125％＝15,000百万円

②：**資料C2より**
　　20X1年度の売上原価率
　　　＝20X1年度の売上原価9,000百万円÷20X1年度の売上高12,000
　　　　百万円×100＝75％

20X2年度の売上原価率
＝75％－3％＝72％（「向上する」ことに注意）
20X2年度の売上原価
＝20X2年度の売上高15,000百万円×72％＝10,800百万円

③：**損益計算書の差引計算より算出**
20X2年度の売上総利益
＝20X2年度の売上高15,000百万円－20X2年度の売上原価10,800
百万円＝4,200百万円

④：**資料C3より**
20X2年度末の流動負債
＝20X1年度末の流動負債2,400百万円×125％＝3,000百万円

⑤：**資料C4より**
20X1年度末の正味運転資本
＝20X1年度末の流動資産3,400百万円－20X1年度末の流動負債
2,400百万円＝1,000百万円
20X2年度末の正味運転資本
＝20X1年度末の正味運転資本1,000百万円＋900百万円＝1,900
百万円
20X2年度末の流動資産
＝20X2年度末の流動負債3,000百万円＋20X2年度末の正味運転資
本1,900百万円＝4,900百万円

⑥：**資料C5より**
20X2年度末の固定資産
＝20X1年度末の固定資産6,600百万円＋1,000百万円＝7,600百万円

⑦：**資料C6より**
20X2年度末の棚卸資産
＝20X1年度末の棚卸資産400百万円×175％＝700百万円

⑧：**⑤と⑦より**
20X2年度末の当座資産
＝20X2年度末の流動資産4,900百万円－20X2年度末の棚卸資産
700百万円＝4,200百万円

⑨：**⑤と⑥より**
20X2年度末の資産合計（負債・純資産合計）
＝20X2年度末の流動資産4,900百万円＋20X2年度末の固定資産
7,600百万円＝12,500百万円

⑩：**資料C7より**
20X2年度末の資本金
＝20X1年度末の資本金2,000百万円＋（1百万株×発行価格2,000
円÷2）＝3,000百万円

ビジネス会計検定試験2級　模擬問題と解答・解説

⑪：**資料C7より**

20X2年度末の資本剰余金

＝20X1年度末の資本剰余金1,000百万円＋（1百万株×発行価格2,000円÷2）＝2,000百万円

問題文より、資本剰余金の増減は、新株の発行によるもののみであると考えます。

⑫：**資料C8より**

⑬：**損益計算書の差引計算より**

20X2年度の販売費及び一般管理費計

＝20X2年度の売上総利益4,200百万円－20X2年度の営業利益2,300百万円＝1,900百万円

⑭：**資料C9より**

20X2年度のEPS

＝20X1年度の当期純利益480百万円÷20X1年度末の発行済株式数3百万株（資料Bより）＝160円

20X2年度末の発行済株式数

＝20X1年度末の発行済株式数3百万株＋20X2年度の発行数1百万株（資料C7より）＝4百万株

20X2年度の当期純利益

＝20X2年度のEPS 160円×20X2年度末の発行済株式数4百万株＝640百万円

⑮：**資料C10より**

⑯：**資料C11より**

20X2年度の税引前当期純利益

＝20X2年度の当期純利益640百万円÷（100％－50％）＝1,280百万円

⑰：**損益計算書の差引計算より**

20X2年度の経常利益

＝20X2年度の税引前当期純利益1,280百万円－20X2年度の特別損益純額（利益）280百万円＝1,000百万円

【問10】 解答：①

20X2年度の変動費

＝売上原価10,800百万円×3／4＝8,100百万円

20X2年度の固定費

＝売上原価10,800百万円－変動費8,100百万円＋販売費及び一般管理費1,900百万円＝4,600百万円

20X2年度の限界利益率

＝（売上高15,000百万円－変動費8,100百万円）÷売上高15,000百万円

224

$\times 100 = 46\%$

20X2年度の損益分岐点売上高
= 固定費4,600百万円÷限界利益率46% = 10,000百万円

20X2年度の経営安全率
= (売上高15,000百万円 − 損益分岐点売上高10,000百万円)
÷売上高15,000百万円×100≒33.3%

20X1年度の経営安全率
= 100% − 20X1年度の損益分岐点比率75%(問9より) = 25%
→20X2年度は向上

【問12】 解答：③

20X2年度末の(固定負債＋純資産)
= 20X2年度末の総資本12,500百万円 − 20X2年度末の流動負債3,000百万円 = 9,500百万円

20X2年度末の固定長期適合率
= 20X2年度末の固定資産7,600百万円÷9,500百万円×100 = 80%

(単位：百万円)

流動資産　4,900	流動負債　　　　　3,000
固定資産　7,600	固定負債＋純資産　9,500

【問13】 解答：⑤

20X2年度末の当座比率
= 20X2年度末の当座資産4,200百万円÷20X2年度末の流動負債3,000百万円×100 = 140%

【問14】 解答：④

20X2年度末の総資本回転率
= 20X2年度の売上高15,000百万円÷20X2年度末の総資産12,500百万円 = 1.2回

【問15】 解答：①

20X2年度の総資本経常利益率
= 20X2年度の経常利益1,000百万円÷20X2年度末の総資本12,500百万円×100 = 8%

【問16】 解答：⑤

時価総額 = 1株当たり株価×発行済株式数

20X1年度末：3,150円×3百万株＝9,450百万円（資料Bより）
　　20X2年度末：3,200円（資料C 12より）×4百万株（⑭より）
　　　＝12,800百万円
　　増加額＝12,800百万円－9,450百万円＝3,350百万円

【問17】 解答：④

　20X1年度の従業員一人当たり当期純利益
　　＝当期純利益480百万円÷従業員数300人（資料Bより）＝1.6百万円
　20X2年度の従業員一人当たり当期純利益
　　＝1.6百万円＋0.4百万円（資料C 13より）＝2百万円
　20X2年度の従業員数＝当期純利益640百万円÷2百万円＝320人

memo

巻末資料　連結財務諸表の例①

連 結 貸 借 対 照 表

（単位：百万円）

	前連結会計年度 （2018年3月31日）	当連結会計年度 （2019年3月31日）
資産の部		
流動資産		
現金及び預金	744,555	844,550
受取手形及び売掛金	69,829	78,169
有価証券	243,431	238,410
たな卸資産	141,795	135,470
その他	66,405	48,453
貸倒引当金	△ 87	△ 82
流動資産合計	1,265,929	1,344,972
固定資産		
有形固定資産		
建物及び構築物（純額）	36,094	37,592
機械装置及び運搬具（純額）	1,450	1,575
工具、器具及び備品（純額）	3,915	4,015
土地	41,812	38,223
建設仮勘定	653	143
有形固定資産合計	83,926	81,550
無形固定資産		
ソフトウエア	11,487	11,962
その他	2,533	2,128
無形固定資産合計	14,020	14,090
投資その他の資産		
投資有価証券	198,538	167,134
繰延税金資産	47,654	57,992
退職給付に係る資産	7,931	7,056
その他	15,503	17,536
貸倒引当金	△ 30	△ 29
投資その他の資産合計	269,597	249,690
固定資産合計	367,544	345,331
資産合計	1,633,474	1,690,304

228

（単位：百万円）

	前連結会計年度 （2018年3月31日）	当連結会計年度 （2019年3月31日）
負債の部		
流動負債		
支払手形及び買掛金	138,015	59,689
未払法人税等	43,390	62,646
賞与引当金	3,217	3,891
その他	93,452	118,781
流動負債合計	278,076	245,009
固定負債		
退職給付に係る負債	16,609	15,068
その他	15,213	15,427
固定負債合計	31,822	30,496
負債合計	309,899	275,505
純資産の部		
株主資本		
資本金	10,065	10,065
資本剰余金	13,742	12,069
利益剰余金	1,564,240	1,556,881
自己株式	△ 250,679	△ 156,755
株主資本合計	1,337,369	1,422,260
その他の包括利益累計額		
その他有価証券評価差額金	16,402	17,665
為替換算調整勘定	△ 34,736	△ 30,214
その他の包括利益累計額合計	△ 18,334	△ 12,548
非支配株主持分	4,540	5,086
純資産合計	1,323,574	1,414,798
負債純資産合計	1,633,474	1,690,304

出典：EDINET「任天堂株式会社有価証券報告書」

巻末資料　連結財務諸表の例②

連 結 損 益 計 算 書

（単位：百万円）

	前連結会計年度 （自 2017年4月1日 至 2018年3月31日）	当連結会計年度 （自 2018年4月1日 至 2019年3月31日）
売上高	1,055,682	1,200,560
売上原価	652,141	699,370
売上総利益	403,540	501,189
販売費及び一般管理費	225,983	251,488
営業利益	177,557	249,701
営業外収益		
受取利息	9,064	13,131
為替差益	—	5,426
持分法による投資利益	10,318	6,949
その他	4,126	2,807
営業外収益合計	23,509	28,315
営業外費用		
有価証券償還損	794	440
為替差損	766	—
その他	150	221
営業外費用合計	1,710	662
経常利益	199,356	277,355
特別利益		
固定資産売却益	821	1
投資有価証券売却益	490	0
訴訟関連損失戻入額	1,929	—
特別利益合計	3,240	1
特別損失		
減損損失	—	4,622
固定資産処分損	366	278
投資有価証券売却損	2	—
投資有価証券評価損	—	682
訴訟関連損失	1,138	—
特別損失合計	1,507	5,584
税金等調整前当期純利益	201,090	271,772
法人税、住民税及び事業税	56,977	88,137
法人税等調整額	3,167	△ 10,932
法人税等合計	60,144	77,204
当期純利益	140,945	194,568
非支配株主に帰属する当期純利益	1,354	558
親会社株主に帰属する当期純利益	139,590	194,009

出典：EDINET「任天堂株式会社有価証券報告書」

巻末資料　連結財務諸表の例③

連 結 包 括 利 益 計 算 書

(単位：百万円)

	前連結会計年度 （自 2017年4月1日 至 2018年3月31日）	当連結会計年度 （自 2018年4月1日 至 2019年3月31日）
当期純利益	140,945	194,568
その他の包括利益		
その他有価証券評価差額金	△ 2,490	1,313
為替換算調整勘定	△ 4,028	4,920
持分法適用会社に対する持分相当額	△ 336	△ 460
その他の包括利益合計	△ 6,855	5,773
包括利益	134,090	200,341
（内訳）		
親会社株主に係る包括利益	132,655	199,795
非支配株主に係る包括利益	1,434	546

出典：EDINET「任天堂株式会社有価証券報告書」

巻末資料　連結財務諸表の例④

連絡株主資本等変動計算書

前連絡会計年度（自 2017年4月1日　至 2018年3月31日）　　　　　　　　　　　　（単位：百万円）

	株主資本				
	資本金	資本剰余金	利益剰余金	自己株式	株主資本合計
当期首残高	10,065	13,256	1,489,518	△ 250,601	1,262,239
当期変動額					
剰余金の配当			△ 64,868		△ 64,868
親会社株主に帰属する当期純利益			139,590		139,590
自己株式の取得				△ 1,903	△ 1,903
自己株式の処分		485		1,825	2,311
株主資本以外の項目の当期変動額（純額）					
当期変動額合計	―	485	74,722	△ 77	75,129
当期末残高	10,065	13,742	1,564,240	△ 250,679	1,337,369

	その他の包括利益累計額			非支配株主持分	純資産合計
	その他有価証券評価差額金	為替換算調整勘定	その他の包括利益累計額合計		
当期首残高	18,913	△ 30,312	△ 11,399	132	1,250,972
当期変動額					
剰余金の配当					△ 64,868
親会社株主に帰属する当期純利益					139,590
自己株式の取得					△ 1,903
自己株式の処分					2,311
株主資本以外の項目の当期変動額（純額）	△ 2,510	△ 4,424	△ 6,935	4,407	△ 2,527
当期変動額合計	△ 2,510	△ 4,424	△ 6,935	4,407	72,602
当期末残高	16,402	△ 34,736	△ 18,334	4,540	1,323,574

当連絡会計年度（自 2018年4月1日　至 2019年3月31日）　　　　　　　　　　　（単位：百万円）

	株主資本				
	資本金	資本剰余金	利益剰余金	自己株式	株主資本合計
当期首残高	10,065	13,742	1,564,240	△ 250,679	1,337,369
当期変動額					
剰余金の配当			△ 78,081		△ 78,081
親会社株主に帰属する 　当期純利益			194,009		194,009
自己株式の取得				△ 31,038	△ 31,038
自己株式の処分		1		0	1
自己株式の消却		△ 1,674	△ 123,287	124,961	—
株主資本以外の項目の 　当期変動額（純額）					
当期変動額合計	—	△ 1,673	△ 7,358	93,923	84,891
当期末残高	10,065	12,069	1,556,881	△ 156,755	1,422,260

	その他の包括利益累計額			非支配株主 持分	純資産合計
	その他 有価証券 評価差額金	為替換算調整 勘定	その他の 包括利益 累計額合計		
当期首残高	16,402	△ 34,736	△ 18,334	4,540	1,323,574
当期変動額					
剰余金の配当					△ 78,081
親会社株主に帰属する 　当期純利益					194,009
自己株式の取得					△ 31,038
自己株式の処分					1
自己株式の消却					—
株主資本以外の項目の 　当期変動額（純額）	1,263	4,522	5,785	546	6,331
当期変動額合計	1,263	4,522	5,785	546	91,223
当期末残高	17,665	△ 30,214	△ 12,548	5,086	1,414,798

出典：EDINET「任天堂株式会社有価証券報告書」

巻末資料　連結財務諸表の例⑤

連結キャッシュ・フロー計算書

(単位：百万円)

	前連結会計年度 (自 2017年4月1日 至 2018年3月31日)	当連結会計年度 (自 2018年4月1日 至 2019年3月31日)
営業活動によるキャッシュ・フロー		
税金等調整前当期純利益	201,090	271,772
減価償却費	9,064	9,564
減損損失	—	4,622
貸倒引当金の増減額（△は減少）	△ 513	44
退職給付に係る負債の増減額（△は減少）	△ 2,125	△ 1,970
受取利息及び受取配当金	△ 10,116	△ 14,355
為替差損益（△は益）	6,434	△ 3,966
有価証券及び投資有価証券売却損益（△は益）	△ 411	△ 53
投資有価証券評価損益（△は益）	—	682
持分法による投資損益（△は益）	△ 10,318	△ 6,949
売上債権の増減額（△は増加）	51,585	△ 8,416
たな卸資産の増減額（△は増加）	△ 107,454	8,484
仕入債務の増減額（△は減少）	9,368	△ 51,349
未払消費税等の増減額（△は減少）	△ 354	1,343
その他	22,650	17,569
小計	168,901	227,022
利息及び配当金の受取額	10,585	12,552
利息の支払額	△ 10	△ 44
法人税等の支払額	△ 27,267	△ 69,000
営業活動によるキャッシュ・フロー	152,208	170,529

（単位：百万円）

	前連結会計年度 （自 2017年4月1日 至 2018年3月31日）	当連結会計年度 （自 2018年4月1日 至 2019年3月31日）
投資活動によるキャッシュ・フロー		
定期預金の預入による支出	△ 534,832	△ 382,891
定期預金の払戻による収入	590,660	346,993
有形及び無形固定資産の取得による支出	△ 9,609	△ 10,736
有形及び無形固定資産の売却による収入	984	△ 1
有価証券及び投資有価証券の取得による支出	△ 552,785	△ 483,195
有価証券及び投資有価証券の売却及び償還による収入	567,484	575,643
連結の範囲の変更を伴う子会社株式の取得による収入	2,735	―
その他	△ 3,251	△ 457
投資活動によるキャッシュ・フロー	61,387	45,353
財務活動によるキャッシュ・フロー		
配当金の支払額	△ 64,829	△ 77,980
自己株式の取得による支出	△ 78	△ 31,038
子会社の所有する親会社株式の売却による収入	3,609	―
その他	△ 13	△ 18
財務活動によるキャッシュ・フロー	△ 61,311	△ 109,037
現金及び現金同等物に係る換算差額	1,222	△ 5,948
現金及び現金同等物の増減額（△は減少）	153,506	100,897
現金及び現金同等物の期首残高	330,974	484,480
現金及び現金同等物の期末残高	484,480	585,378

出典：EDINET「任天堂株式会社有価証券報告書」

巻末資料　主な分析指標と計算例

　以下は、主な財務指標と計算式です。巻末資料に掲載した連結財務諸表（出典：EDINET「任天堂株式会社有価証券報告書」）を用いた計算例も乗せています（小数点第2位以下四捨五入）。実際の検定試験の計算問題の参考にしてください。

財務指標	計算式	事例からの計算
基本分析①百分比財務諸表分析		
流動資産構成比率（％）	流動資産÷資産合計×100	流動資産1,344,972÷資産合計1,690,304×100≒79.6（％）
純資産構成比率（％）	純資産合計÷負債・純資産合計×100	純資産合計1,414,798÷負債純資産合計1,690,304×100≒83.7（％）
売上原価率（％）	売上原価÷売上高×100	売上原価699,370÷売上高1,200,560×100≒58.3（％）
基本分析②時系列分析		
総資産の対前年度比率（％）	当年度の資産合計÷前年度の資産合計×100	2019年3月期の資産合計1,690,304÷2018年3月期の資産合計1,633,474×100≒103.5（％）
売上高の対前年度比率（％）	当年度の売上高÷前年度の売上高×100	2019年3月期の売上高1,200,560÷2018年3月期の売上高1,055,682×100≒113.7（％）
売上高の伸び率（％）	（当年度の売上高−前年度の売上高）÷前年度の売上高×100	（2019年3月期の売上高1,200,560−2018年3月期の売上高1,055,682）÷2018年3月期の売上高1,055,682×100≒13.7（％）
安全性分析①短期の安全性分析		
流動比率（％）	流動資産÷流動負債×100	流動資産1,344,972÷流動負債245,009×100≒548.9（％）
当座資産（円）	流動資産−棚卸資産−その他の流動資産	流動資産1,344,972百万−たな卸資産135,470百万−その他48,453百万＝1,161,049百万（円）
当座比率（％）	当座資産÷流動負債×100	当座資産1,161,049÷流動負債245,009×100≒473.9（％）
手元流動性（円）	現金及び預金＋（流動資産の）有価証券	現金及び預金844,550百万＋有価証券238,410百万＝1,082,960百万（円）

236

財務指標	計算式	事例からの計算
手元流動性比率(月)	手元流動性÷(売上高÷12)	手元流動性1,082,960÷(売上高1,200,560÷12)≒10.8(月)
正味運転資本(円)	流動資産−流動負債	流動資産1,344,972百万−流動負債245,009百万=1,099,963百万(円)
有利子負債(円)	長期借入金+短期借入金+社債+リース債務	※1
ネットキャッシュ(円)	手元流動性−有利子負債	※1
安全性分析②長期の安全性分析		
固定比率(%)	固定資産÷自己資本(純資産)×100	固定資産345,331÷純資産1,414,798×100≒24.4(%)
固定長期適合率(%)	固定資産÷(固定負債+純資産)×100	固定資産345,331÷(固定負債30,496+純資産1,414,798)×100≒23.9(%)
負債比率(%)	負債合計÷自己資本(純資産)×100	負債合計275,505÷純資産1,414,798×100≒19.5(%)
自己資本比率(%)	自己資本(純資産)÷負債・純資産合計(総資本)×100	純資産1,414,798÷負債純資産合計1,690,304×100≒83.7(%)
事業利益(円)	営業利益+受取利息+有価証券利息+受取配当金+持分法による投資利益	営業利益249,701百万+受取利息13,131百万+有価証券利息0百万※2+持分法による投資利益6,949百万=269,781百万(円)
インタレスト・カバレッジ・レシオ(倍)	事業利益÷(支払利息+社債利息)	※3
収益性分析①資本利益率		
総資本営業利益率(%)	営業利益÷資産合計×100	営業利益249,701÷資産合計1,690,304×100≒14.8(%)
総資本経常利益率(%)	経常利益÷資産合計×100	経常利益277,355÷資産合計1,690,304×100≒16.4(%)
総資本税引前当期純利益率(%)	税金等調整前当期純利益÷資産合計×100	税金等調整前当期純利益271,772÷資産合計1,690,304×100≒16.1(%)

巻末資料　主な分析指標と計算例

財務指標	計算式	事例からの計算
総資本事業利益率（%）	事業利益÷資産合計×100	事業利益269,781÷資産合計1,690,304×100≒16.0（%）
経営資本（円）	資産合計－（投資その他の資産＋建設仮勘定＋繰延資産）	資産合計1,690,304－（投資その他の資産249,690百万＋建設仮勘定143百万＋繰延資産0百万）＝1,440,471百万（円）
経営資本営業利益率（%）	営業利益÷経営資本×100	営業利益249,701÷経営資本1,440,471×100≒17.3（%）
自己資本当期純利益率（ROE）（%）	親会社株主に帰属する当期純利益÷自己資本（純資産）×100	親会社株主に帰属する当期純利益194,009÷純資産1,414,798×100≒13.7（%）

収益性分析②売上高利益率

財務指標	計算式	事例からの計算
売上高売上総利益率（%）（粗利益率）	売上総利益÷売上高×100	売上総利益501,189÷売上高1,200,560×100≒41.7（%）
売上高営業利益率（%）	営業利益÷売上高×100	営業利益249,701÷売上高1,200,560×100≒20.8（%）
売上高経常利益率（%）	経常利益÷売上高×100	経常利益277,355÷売上高1,200,560×100≒23.1（%）
売上高当期純利益率（%）	親会社株主に帰属する当期純利益÷売上高×100	親会社株主に帰属する当期純利益194,009÷売上高1,200,560×100≒16.2（%）

収益性分析③資本回転率

財務指標	計算式	事例からの計算
総資本回転率（回）	売上高÷資産合計	売上高1,200,560÷資産合計1,690,304≒0.7（回）
売上債権（円）	受取手形＋売掛金＋電子記録債権	受取手形及び売掛金78,169百万＋電子記録債権0百万＝78,169百万（円）
売上債権回転率（回）	売上高÷売上債権	売上高1,200,560÷売上債権78,169≒15.4（回）
棚卸資産回転率（回）	売上高÷棚卸資産	売上高1,200,560÷たな卸資産135,470≒8.9（回）
仕入債務（円）	支払手形＋買掛金＋電子記録債務	支払手形及び買掛金59,689百万＋電子記録債務0百万＝59,689百万（円）
仕入債務回転率（回）	売上高÷仕入債務	売上高1,200,560÷仕入債務59,689≒20.1（回）

財務指標	計算式	事例からの計算
総資本回転期間（日）	資産合計÷（売上高÷365）	資産合計1,690,304÷（売上高1,200,560÷365）≒513.9（日）
売上債権回転期間（日）	売上債権÷（売上高÷365）	売上債権78,169÷（売上高1,200,560÷365）≒23.8（日）
棚卸資産回転期間（日）	棚卸資産÷（売上高÷365）	たな卸資産135,470÷（売上高1,200,560÷365）≒41.2（日）
仕入債務回転期間（日）	仕入債務÷（売上高÷365）	仕入債務59,689÷（売上高1,200,560÷365）≒18.1（日）
キャッシュ・コンバージョン・サイクル（日）	売上債権回転期間＋棚卸資産回転期間－仕入債務回転期間	売上債権回転期間23.8＋棚卸資産回転期間41.2－仕入債務回転期間18.1≒46.9（日）
財務レバレッジ（倍）	資産合計÷自己資本（純資産）	資産合計1,690,304÷純資産1,414,798≒1.2（倍）
自己資本利益率（自己資本当期純利益率）（％）	親会社株式に帰属する当期純利益÷自己資本（純資産）×100	親会社株式に帰属する当期純利益194,009÷純資産1,414,798×100≒13.7（％）
キャッシュ・フロー分析		
フリー・キャッシュ・フロー（円）	営業活動によるキャッシュ・フロー＋投資活動によるキャッシュ・フロー	営業活動によるキャッシュ・フロー170,529百万＋投資活動によるキャッシュ・フロー45,353百万＝215,882百万（円）
営業キャッシュ・フロー・マージン（％）	営業活動によるキャッシュ・フロー÷売上高×100	営業活動によるキャッシュ・フロー170,529÷売上高1,200,560×100≒14.2（％）
自己資本営業キャッシュ・フロー比率（％）	営業活動によるキャッシュ・フロー÷自己資本（純資産）×100	営業活動によるキャッシュ・フロー170,529÷純資産1,414,798×100≒12.1（％）
営業キャッシュ・フロー対流動負債比率（％）	営業活動によるキャッシュ・フロー÷流動負債×100	営業活動によるキャッシュ・フロー170,529÷流動負債245,009×100≒69.6（％）
設備投資額（円）	有形固定資産の取得による支出－有形固定資産の売却による収入	有形及び無形固定資産の取得による支出10,736百万－有形及び無形固定資産の売却による収入△1百万＝10,737百万（円）※4
設備投資額対キャッシュ・フロー比率（％）	設備投資額÷営業活動によるキャッシュ・フロー×100	設備投資額10,737÷営業活動によるキャッシュ・フロー170,529×100≒6.3（％）

巻末資料　主な分析指標と計算例

財務指標	計算式	事例からの計算
1株当たり分析：発行済株式数は131,669,000株、1株当たり株価は47,950円、また、配当金総額は96,660百万円として計算している。　※5		
時価総額（円）	1株当たり株価×発行済株式数	1株当たり株価47,950×発行済株式数131,669,000＝6,313,528,550,000（円）
1株当たり当期純利益（EPS）（円）	親会社株主に帰属する当期純利益÷発行済株式数	親会社株主に帰属する当期純利益194,009百万円÷発行済株式数131,669,000＝1,473（円）
株価収益率（PER）（倍）	1株当たり株価÷1株当たり当期純利益（EPS）	1株当たり株価47,950÷1株当たり当期純利益1,473≒32.6（倍）
株式益回り（％）	1株当たり当期純利益（EPS）÷1株当たり株価×100	1株当たり当期純利益1,473÷1株当たり株価47,950×100≒3.1（％）
1株当たり純資産（BPS）（円）	純資産÷発行済株式数	純資産1,414,798百万円÷発行済株式数131,669,000＝10,745（円）
株価純資産倍率（PBR）（倍）	1株当たり株価÷1株当たり純資産（BPS）	1株当たり株価47,950÷1株当たり純資産10,745≒4.5（倍）
1株当たり配当額（円）	配当金総額÷発行済株式数	配当金総額96,660百万円÷発行済株式数131,669,000＝734（円）
配当利回り（％）	1株当たり配当額÷1株当たり株価×100	1株当たり配当額734÷1株当たり株価47,950×100≒1.5（％）
配当性向（％）	配当金総額÷親会社株主に帰属する当期純利益×100	配当金総額96,660÷親会社株主に帰属する当期純利益194,009×100≒49.8（％）
株式資本配当率（％）	1株当たり配当額÷1株当たり純資産×100	1株当たり配当額734÷1株当たり純資産10,745×100≒6.8（％）
1株当たりキャッシュ・フロー（CFPS）（円）	営業活動によるキャッシュ・フロー÷発行済株式数	営業活動によるキャッシュ・フロー170,529百万円÷発行済株式数131,669,000≒1,295（円）
株価キャッシュ・フロー倍率（PCFR）（倍）	1株当たり株価÷1株当たりキャッシュ・フロー	1株当たり株価47,950÷1株当たりキャッシュ・フロー1,295≒37.0（倍）
一人当たり分析：従業員数は5,944人として計算している。		
従業員一人当たり売上高（円）	売上高÷従業員数	売上高1,200,560百万円÷従業員数5,944≒202百万（円）
資本集約率（従業員一人当たり総資産）（円）	資産合計÷従業員数	資産合計1,690,304百万円÷従業員数5,944≒284百万（円）

240

財務指標	計算式	事例からの計算
労働装備率（従業員一人当たり有形固定資産）（円）	有形固定資産÷従業員数	有形固定資産81,550百万円÷従業員数5,944÷14（円）

※1：本事例では、有利子負債（長期借入金、短期借入金、社債及びリース債務）の情報は読み取れない。
※2：本事例では有価証券利息の情報は読み取れない。
※3：本事例では、支払利息及び社債利息の情報は読み取れない。
※4：本事例では無形固定資産の取得による支出・売却による収入が分かれていないため、無形固定資産を含めて計算している。
※5：公表される財務諸表においては発行済株式数について期中平均数を用いるなどの調整が行われるが、本事例では、公式テキストでの算式に準じて期末発行済株式数により計算している。

索　引

50音

あ行

安全性分析······················134、136
意思決定支援機能······················17
一行連結······························34
一時差異······················53、54
インタレスト・カバレッジ・レシオ
··························134、137
受上原価······················73、76
受上債権回転期間····················142
受上債権回転率····················141
受上総利益····························73
受上高································73
受上高売上総利益率··················140
受上高営業利益率··················140
受上高経常利益率··················140
受上高当期純利益率··········140、143
受上高利益率······················140
営業外収益······················73、78
営業外費用······················73、79
営業活動··························104
営業活動によるキャッシュ・フロー
··················104、106、108、116
営業キャッシュ・フロー対流動負債比率
······························145
営業キャッシュ・フロー・マージン······144
営業利益······························73
親会社······················28、30、32
親会社株主に帰属する当期純利益
······························39、72

か行

会社法······················20、22
株価キャッシュ・フロー倍率········157

株価収益率························156
株価純資産倍率····················157
株式益回り························156
株式資本配当率····················158
株主資本··························62
株主資本等変動計算書······92、94、96
株主資本の変動················94、96
株主有限責任························17
為替換算調整勘定··········62、64、84
間接法··················106、108
完全連結··························34
関連会社··················28、30、32
規模倍率··························148
基本分析··························132
キャッシュ・コンバージョン・サイクル
······························142
キャッシュ・フロー計算書
··············102、104、106、116
金融商品取引法················18、22
繰延資産··························59
繰延税金資産··················53、54
繰延税金負債························54
繰延ヘッジ損益············62、64、84
経営安全率························154
経営資本··························139
経営資本営業利益率················139
計算書類··························20
経常利益··························73
決算短信··························21
原価······························76
限界利益··························152
限界利益率························152
減価償却··················55、56
現金··························103
現金及び現金同等物··················103

現金同等物····························103
減損処理·····························56
公告································21
子会社····················28、30、32
固定資産················55、56、58
固定長期適合率··············134、136
固定費·················151、152、155
固定比率·····················134、136
固定負債·····························60
個別財務諸表················19、20

さ行

財務活動····························104
財務活動によるキャッシュ・フロー
　　　·············104、107、114、116
債務超過····························148
財務レバレッジ······················143
仕入債務回転期間···················142
仕入債務回転率·····················141
時価総額····························156
事業利益·····················137、139
時系列分析··························133
自己株式·················62、95、96
自己資本営業キャッシュ・フロー比率···145
自己資本当期純利益率········139、143
自己資本比率···············134、137
資産································46
四半期······························19
四半期報告書·······················18
四半期連結財務諸表···················19
資本回転期間···············141、142
資本回転率··························140
資本金······························62
資本集約率··························160
資本剰余金·····················62、95
資本利益率·················138、140
収益·················59、102、150

収益性分析·················138、140
従業員一人当たり売上高·············160
従業員一人当たり営業利益···········160
従業員一人当たり経常利益···········160
従業員一人当たり人件費·············160
従業員一人当たり総資産·············160
従業員一人当たり有形固定資産······160
純資産·····················62、64
小計·····················108、115
商品評価損·····················51、52
正味運転資本···············134、135
剰余金の配当·······················95
新株の発行·························94
新株予約権·····················62、65
成果配分支援機能··················16
税金等調整前当期純利益·············72
製造原価··························77
製造原価明細書····················77
セグメント情報·····················146
設備投資額対キャッシュ・フロー比率···145
全部連結··························34
操業度····························150
総資本営業利益率···················139
総資本回転期間···················142
総資本回転率···············141、143
総資本経常利益率···················139
総資本事業利益率···················139
総資本税引前当期純利益率·············139
総資本利益率······················138
その他の包括利益累計額········62、64
その他有価証券評価差額金··62、64、84
損益計算書·····················19、21
損益計算書百分比···················132
損益分岐図表·····················150
損益分岐点·························150
損益分岐点売上高·················153
損益分岐点分析·········150、152、154

243

損益分岐点比率‥‥‥‥‥‥‥‥‥154

た行

対基準年度比率‥‥‥‥‥‥‥‥‥133
貸借対照表‥‥‥‥‥‥‥‥‥‥19、21
貸借対照表構成比率‥‥‥‥‥‥‥132
退職給付に係る調整額‥‥‥‥‥‥84
対前年度比率‥‥‥‥‥‥‥‥‥‥133
棚卸減耗損‥‥‥‥‥‥‥‥‥‥51、52
棚卸資産回転期間‥‥‥‥‥‥‥‥142
棚卸資産回転率‥‥‥‥‥‥‥‥‥141
注記‥‥‥‥‥‥‥‥‥‥‥‥124、125
直接法‥‥‥‥‥‥‥‥‥‥‥‥‥106
定額法‥‥‥‥‥‥‥‥‥‥‥‥‥53
低価法‥‥‥‥‥‥‥‥‥‥‥‥‥52
定率法‥‥‥‥‥‥‥‥‥‥‥‥‥53
手元流動性比率‥‥‥‥‥‥‥134、135
電子公告‥‥‥‥‥‥‥‥‥‥‥‥21
当期純損失‥‥‥‥‥‥‥‥‥‥39、72
当期純利益‥‥‥‥‥‥‥‥‥‥39、72
当期製品製造原価‥‥‥‥‥‥‥‥76
当期総製造費用‥‥‥‥‥‥‥‥‥76
当座比率‥‥‥‥‥‥‥‥‥‥134、135
投資活動‥‥‥‥‥‥‥‥‥‥‥‥104
投資活動によるキャッシュ・フロー
‥‥‥‥‥104、107、114、116
投資の意思決定‥‥‥‥‥‥‥‥‥17
投資判断情報提供機能‥‥‥‥‥‥17
特別損失‥‥‥‥‥‥‥‥‥‥‥‥73
特別利益‥‥‥‥‥‥‥‥‥‥‥‥73
土地再評価差額金‥‥‥‥‥‥62、64

な行

ネットキャッシュ‥‥‥‥‥‥134、135
伸び率‥‥‥‥‥‥‥‥‥‥‥‥‥133
のれん‥‥‥‥‥‥‥‥‥‥‥‥‥36
のれん償却額‥‥‥‥‥‥‥‥‥‥37

は行

配当性向‥‥‥‥‥‥‥‥‥‥‥‥158
配当利回り‥‥‥‥‥‥‥‥‥‥‥157
発行市場‥‥‥‥‥‥‥‥‥‥‥‥18
販売費及び一般管理費‥‥‥‥73、77
非資金損益‥‥‥‥‥‥‥‥‥‥‥110
非支配株主‥‥‥‥‥‥‥‥‥‥‥38
非支配株主持分‥‥‥‥‥‥38、62、65
非支配株主に帰属する当期純利益‥‥39、72
１株当たりキャッシュ・フロー‥‥‥157
１株当たり純資産‥‥‥‥‥‥‥‥157
１株当たり当期純利益‥‥‥‥‥‥156
１株当たり配当額‥‥‥‥‥‥‥‥158
百分比財務諸表分析‥‥‥‥‥‥‥132
費用‥‥‥‥‥‥‥59、76、102、150
非連結子会社‥‥‥‥‥‥‥‥‥‥34
負債‥‥‥‥‥‥‥‥‥‥‥‥‥‥57
負債比率‥‥‥‥‥‥‥‥‥‥134、137
附属明細表‥‥‥‥‥‥‥‥‥‥‥124
負の現金同等物‥‥‥‥‥‥‥‥‥103
負ののれん‥‥‥‥‥‥‥‥‥‥‥36
フリー・キャッシュ・フロー‥‥‥144
分配可能額‥‥‥‥‥‥‥‥‥‥‥17
変動費‥‥‥‥‥‥‥‥151、152、155
変動費率‥‥‥‥‥‥‥‥‥‥‥‥152
法人税、住民税及び事業税‥‥‥‥53、73
法人税等調整額‥‥‥‥‥‥‥‥54、73

ま行

目論見書‥‥‥‥‥‥‥‥‥‥‥‥18
持分法‥‥‥‥‥‥‥‥‥‥‥32、34
持分法適用会社‥‥‥‥‥‥‥32、34
持分法適用会社に対する持分相当額‥‥85

や行

有価証券届出書‥‥‥‥‥‥‥‥‥18
有価証券報告書‥‥‥‥‥‥‥18、160

要求払預金··························103

ら行

リース取引··························61
利益剰余金····················62、95
利益図表··························150
利害調整機能························16
リターン····················17、139
流通市場····························18
流動資産····················58、60
流動比率··························134
流動負債····················58、60
連結································32
連結会社····················33、34
連結株主資本等変動計算書
　············19、21、28、92、94、97
連結キャッシュ・フロー計算書···19、28
連結計算書類························20
連結子会社··························33
連結財務諸表··········19、20、28、148
連結損益及び包括利益計算書·········87
連結損益計算書·····19、21、28、35、72
連結貸借対照表··········19、21、28、35
連絡注記表··························21
連結附属明細表··················19、28
連結包括利益計算書·····19、28、84、87
連単倍率··························148
労働装備率··························160

欧文

BEP·····························150
BPS·····························157
CFPS····························157
CVP関係··························150
DOE·····························158
EPS·····························156
PBR·····························157
PCFR····························157
PER·····························156
ROA·····························138
ROE························139、143
ROI·····························138

245

【著者紹介】

●西川　哲也（にしかわ　てつや）

公認会計士・税理士。1970 年、京都生まれ。1994 年、大手監査法人に入社。13 年間の在職中上場会社等の財務諸表監査に従事し、うち後半 7 年は、中堅オーナー会社の上場準備支援にあたる。上場サポートを通じての出会いから、すべての責任とリスクを背負うオーナー経営者という生き方の厳しさを知り、2007 年、自らも独立起業を決意。現在、株式会社ディーファ代表取締役。

会計人としての信条は、「会計・数字の本質は、思いの見える化」「一人・一生・一物語。みんなでつくる一つの物語」。使命は、「お客さまに行きたいところを見つけていただいて、そこに到達してもらうためのお手伝い」。中小企業経営者・後継者のスマイル・ライフ・サポーターとして、経営計画・業績管理・事業承継など、顧客企業の未来づくりの支援にあたる。好きな言葉は、「未来を信じ、未来に生きる」「一燈照隅、万燈照国」。

公式テキスト第5版対応
ビジネス会計検定試験® 2級重要ポイント＆模擬問題集

2020年6月30日　　　　初版第1刷発行

著　者―――西川　哲也
　　　　　　ⓒ 2020 Tetsuya Nishikawa
発行者―――張　士洛
発行所―――日本能率協会マネジメントセンター

〒103-6009 東京都中央区日本橋2‐7‐1　東京日本橋タワー
TEL　03(6362)4339(編集)／03(6362)4558(販売)
FAX　03(3272)8128(編集)／03(3272)8127(販売)
http://www.jmam.co.jp/

装　丁―――後藤　紀彦（sevengram）
本文DTP ―― 株式会社明昌堂
印刷所―――シナノ書籍印刷株式会社
製本所―――株式会社三森製本所

本書の内容の一部または全部を無断で複写複製（コピー）することは、法律で認められた
場合を除き、著作者および出版者の権利の侵害となりますので、あらかじめ小社あて許諾
を求めてください。

本書の内容に関するお問い合わせは、2ページにてご案内しております。

ISBN 978-4-8207-2817-7 C3033
落丁・乱丁はおとりかえします。
PRINTED IN JAPAN

● JMAM の本 ●

公式テキスト第4版対応
ビジネス会計検定試験® 3 級
重要ポイント & 模擬問題集

西川哲也 著

A5判176頁

出題項目を、原則見開き2ページ読切りでポイントに絞って解説。章末に演習問題と解答・解説、最終章に近年の傾向を踏まえた模擬問題を2回分掲載。この1冊で十分な試験対策ができる。

改訂2版
経理・財務スキル検定（FASS）
テキスト & 問題集

CS アカウンティング 編

A5判380頁

「経理・財務スキル検定」（FASS）は、経済産業省の「経理・財務サービス・スキルスタンダード」に完全準拠し、経理・財務実務のスキルを客観的に測定する検定試験であり、優れた「実用性」「客観性」「信頼性」「利便性」を特徴としている。学習しやすいようテキストと問題集をまとめ、最新情報も掲載した改訂版。

数字を武器として使いたいビジネスパーソンの
会計の基本教科書

中尾 篤史 著

A5判284頁

経営者や経理部門の人だけでなく、仕事において会計やその数字の意味をきちんと知りたいビジネスパーソンに贈る1冊。会社の経理の専門家である著者が、身近な例を多く取り上げながら体系的にわかりやすく解説。

基本がわかる　実践できる
決算書の読み方・活かし方

川口 宏之 著

A5判184頁

「決算書」の読み方を丁寧に解説し、実務でどのように活用していくかの具体的事例を挙げた会計スキルの初歩が学べる1冊。『基本編』では「決算書（財務三表）」が簡単に読めるようになるポイント、『実践編』ではさまざまな部門での業務における「決算書」の上手な使い方を解説。具体的なイメージがつかめるショートストーリーも収録。

日本能率協会マネジメントセンター